문재인 신드롬

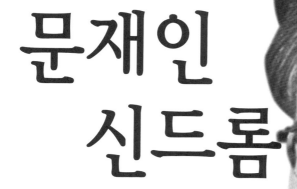

문재인
신드롬

전도근 지음

촛불의 함성!
광화문의 힘!

촛불과 광화문은 적중하였다.
문재인의 지지율은 70~80%를 오르 내리고 있다.
그는 언제든지 필요로 하는 곳이라면 달려갈 준비를 하고 있는 것이다.
서민이 원하는 곳이라면,
어떠한 상황에서라도 달려간다. 사고가 발생하면 그는 달려간다.

예감

머 / 리 / 말

　신드롬(syndrome)이란 어떤 것을 좋아하는 현상이 전염병과 같이 전체를 휩쓸게 되는 현상을 말한다. 국민들의 촛불혁명으로 대통령에 당선된 문재인 대통령의 지지율만 놓고 보드라도 가히 '문재인 신드롬'이라고 할 수 있다.

　실제로 문재인 대통령은 2017년 5월 9일 대통령에 취임하여 그 동안 국정 운영에 대한 여론조사에서 현직 대통령이 기록한 지지율로는 헌정 사상 최고치를 기록하여 국민들에게 신선한 충격을 주었다. 특히 문재인 대통령이 취임 100일을 맞아 YTN, 문화일보, 중앙일보가 여론조사를 실시한 결과 지지율이 84%에 육박하는 것으로 나타나 국민들의 문재인에 대한 신뢰가 견고한 것으로 나타났다.

　문재인 신드롬 현상은 비단 국정 지지율에서만 나타나는 것이 아니라 대통령에 당선되고 나서 우리나라의 역대 대통령이 보여주지 못한 소탈한 모습과 국민이면 가리지 않고 소통하려는 모습, 사회적 약자를 배려하는 행동들을 보여 주면서 국민들은 신선한 충격에 빠지기에 충분하였다.

더욱이 단체급식소에서 식판을 들고 직접 배급받는 모습이나 청와대 직원들과 차한잔을 타서 자연스럽게 대화를 하는 모습에서 우리나라 최고의 권력을 가진 대통령이 도저히 상상할 수 없는 일들을 보여주었다. 이외에도 한 국가의 최고 정상에게서는 찾아보기 어려운 리더십과 배려로 인해서 국민들은 감동받기에 충분하였다.

뿐만아니라 문재인은 확실이 대통령이 될 운명을 가지고 태어난 사람인 것 같은 일들이 생기기도 하였다. 문재인이 인재영입위원장을 하면서 신의 절묘한 한수라고 할 수 있는 참신한 인선을 통해서 정체되어 있던 더불어민주당의 지지도를 높였다. 문재인에게 등을 돌리거나 반대 입장에 있던 사람들까지 삼고초려를 하여 적재적소에 등용하였다. 결국 이들은 대선에서 문재인 후보를 도와 문재인을 대통령을 만드는데 기여하게 하였다. 그리고 이들은 여소야대 정국에서 문재인 정권의 수호무사처럼 야당의 공격을 방어하고, 국민들이 염원하는 정책을 만들어 국민들에게 사이다 같은 정치를 보여주고 있다.

문재인은 대통령에 취임했을 때의 지지율과 취임 후 6개월이 지난 시점에서도 지지율의 차이가 거의 없는 것은 그만큼 문재인의 인기가 순간적인 것이 아니라 지속적으로 국민들에게 인정받고 있기 때문일 것이다.

이 책은 문재인이 태어나서 지금까지 어떤 인생 역정을 가지고 살아왔는지, 문재인 신드롬을 일으킨 원인이 무엇인지, 문재인의 절묘한 인재 등용은 어떻게 이루어졌는지를 다루고 있다. 이 책을 통해서 한계에 막혀 절망적인 사람들에게는 희망을 주고, 사람이 존중받는 사회를 원하는 사람들에게 희망을 주기를 바란다. 그리고 문재인을 좋아하는 사람들에게는 체계적인 정보를 제공하고, 문재인들에 대해서 잘 모르던 사람들에게는 올바른 인식을 주었으면 한다.

저자 **전도근**

목 / 차

Ⅳ. 문재인 신드롬

V. 문재인의 놀라운 인재 기용

VI. 부록

I

문재인의 가난했던 어린 시절과
용기있던 젊은 시절

피난민의 아들로 태어나다

　문재인의 어린 시절은 '가난'이라는 단어와 떼어 놓을 수 없었다. 1950년 6·25전쟁과 함께 이북에서 남쪽으로 피난 온 문재인의 가정은 말 그대로 처참한 상황이었다.

　문재인은 한국전쟁이 한참이던 1952년 1월 24일 경상남도 거제군 거제면 명진리에 있는 피난민 수용소에서 아버지 문용형과 어머니 강한옥 사이에서 2남 3녀 중 장남으로 태어났다. 문재인은 한국전쟁으로 인해 원래 고향인 흥남을 떠나야했던 실향민의 아들로 태어났다. 문재인의 부모는 원래 함경남도 흥남의 문씨 집성촌인 '솔안 마을'에서 살고 있었다.

그러다 한국전쟁이 터지자 1950년 한국 전쟁이 발발하자, 1950년 12월 23일에 흥남 철수 작전 무렵에 다른 난민들과 함께 메러디스 빅토리호에 가족과 함께 몸을 싣고 경상남도 거제에 도착하였다. 피난민들은 갈 곳이 없었기 때문에 문재인은 피난민 수용소에서 태어난 것이다.

문재인의 부모는 조금만 있으면 전쟁이 끝날 것이라고 생각하고, 별다른 준비 없이 거의 맨몸으로 거제까지 피난을 왔다. 그러나 아버지의 뜻대로 전쟁은 쉽게 끝나지 않았고, 고향으로 돌아갈 수 없었기 때문에 아무 것도 가진 것 없는 남한에서 어려운 삶을 시작해야 했다. 문재인의 가족은 다른 실향민들처럼 끼니조차 때우기 힘든 생활이 시작되었다.

원래 문재인의 아버지 문용형씨는 일제 치하에서 함흥농고를 졸업하고 흥남시청에서 농업계장으로 공무원 생활을 하였다. 아버지의 성품은 조용했고, 말수가 적었으며, 술도 하지 않았던 선비 스타일이었다. 아버지는 재산이 될 만한 것들을 가지고 오지 않았기에 먹고 살기 위해서 막노동을 해야만 했다. 아버지는 공무원 경력을 제시하며 거제도 포로수용소의 노무자로 일자리를 얻을 수 있었으나, 수입이 턱없이 부족했다. 더욱이 아버지는 이전까지 편하게 사무만 보다가 노동을 하다 보니 체질에 맞을 리 없었다. 어머니는 가족의 생계를 위하여 계란 행상을 해야만 했다. 문재인의 가족은 거제도에서 제대로 살 수 있는 거처가 없었기 때문에 문재인이 태어날 때에도 셋방을 살던 주인집에 임산부가 있다는 이유로, 산모가 진통 중에 이웃 집에 옮겨가 출산을 해야 할 정도로 곤궁한 생활을 해야만 했다.

거기다 모든 친인척을 흥남에 두고 내려왔기 때문에 거제에서는 아는 사람이 없어서 외롭기도 한 때였다. 가정의 경제를 이끌어야 했던 아버지는 양말 장사를 해보겠다며 나섰다가 돈을 빌리게 되고, 수금이 잘되지 않아 빚은 늘어 가게 되었다. 결국 아버지는 빚 만 잔뜩 지고 손을 턴 뒤 평생 가난에서 헤어나지 못했다.

아버지의 경제적 몰락은 어머니 강한옥씨의 고생으로 이어졌다. 문재인이 초등학교에 들어갈 무렵 자녀들의 교육을 걱정한 문재인의 부모들은 초등학교에 입학 직전 부산 영도로 이사를 하고 생계는 거의 어머니가 꾸려나갔다. 이로 인해 문재인의 서류상의 본적은 부산 영도구 영선동으로 되어 있다. 부산으로 이사했지만 가난은 여전히 문재인을 따라다녔다. 어머니는 가정의 생계를 유지하기 위하여 계란 장사를 비롯해 시장에서 구호물자 옷가지나 잡화를 팔며 닥치는 대로 일을 하며 돈을 벌었다. 그래도 가정 형평은 나아지지 못했으며, 겨우 근근이 입에 풀칠할 정도여서 가난을 떨칠 수가 없었다.

나중에 어머니는 돈을 벌기 위하여 연탄 배달을 하기도 했다. 어린 문재인은 연탄이 잔뜩 실린 어머니의 리어카를 뒤에서 밀며 연탄배달을 도왔다. 어머니를 돕다가 내리막길에서 고꾸라진 적도 있었다. 한 때는 경제적으로 너무 어려워 어머니가 중학교 1학년이던 문재인과 암표 장사를 하기 위해 이른 새벽 부산역으로 향한 적이 있다. 그러나 어머니는 차마 아들 앞에서 떳떳하지 못하게 돈을 벌수 없다는 생각으로 먼 길을 그냥 돌아오기도 하였다.

어린 문재인은 양말장사를 하다 망한 아버지를 보면서, 또한 시장에서 좌판을 꾸려 장사를 하고 연탄 배달로 가족의 생계를 꾸려가는 어머니를 보면서 문재인은 늘 죄송하기만 하였다. 어린 문재인은 부모가 부산이라는 낯선 타향에서 어렵고 힘들게 살아가는 모습을 옆에서 지켜볼 수밖에 없었다.

당시의 상황에 대하여 문재인은 그가 쓴 책 〈운명〉에서 "가난도 아팠지만, 분단과 전쟁 때문에 아버지가 당신의 삶을 잃은 것이 늘 가슴 아팠다"고 고백하고 있다. 문재인은 집이 가난해 자신도 매우 힘든 삶을 살았지만 현실을 원망하기보다는 아버지의 힘든 삶을 더 걱정하였다.

문재인은 태어나면서부터 아무것도 가지지 못한 가난한 삶을 살았지만 항상 부모님 걱정을 하면서 자연스럽게 부모

님의 고생에 대해서 고마워하게 되고, 효도를 해야 하는 것
을 배우게 되었다.

초등학교 시절
가난의 교훈을 배우다

　어린 문재인에게 가난은 하고 싶은 것을 할 수 없게 만들었으며, 생활을 불편하게 만들었다. 어린 문재인은 가난했지만 자신의 삶에 대해서 좌절하거나 자포자기하지 않았다. 가난은 고통만을 가져다 준 것은 아니었다. 어려운 가정환경 때문에 어린 문재인도 매우 가난하고 힘든 삶을 살아야 했다.

　영도로 이사를 간 문재인은 남항초등학교에 입학했는데, 당시 피난민이 모여 학생 수만 1000명이 넘었다고 한다. 결국 운동장 주변에 임시로 가교사를 지어 학생들을 수용해야 했고, 문재인은 초등학교 3학년 때까지 임시로 지어진 가교사에서 수업을 받았다. 문재인을 기억하는 친구들은 문재인은 초등학교 시절 "인간성이 매우 좋았으며, 머리는 천재였다"라고 평가한다.

문재인이 초등학교에 들어간 시기는 한국은 전쟁이 끝나고 경제가 파탄되어 있었기 때문에 미국의 구호물자를 받으며 살았다. 영도에서는 신선성당에서 가난한 사람들을 위해 정기적으로 구호물자를 나눠주었다. 어린 문재인은 학교를 마치고 학교위에 있던 신선성당에 가서 배급을 받기 위하여 양동이를 들고 가 줄서서 강냉이 가루며 전지분유를 타서 끼니를 해결해야만 했다. 어린 문제인은 배급받기 위해서 줄을 서서 기다리는 것이 싫었지만 가족의 장남으로서 가족의

| 문재인의 초등학교 졸업 사진 |

출처 : 온라인 커뮤니티

끼니를 해결하기 위해서 어쩔 수 없이 길고 지루한 기다림을 해야만 했다.

어린 문재인이 줄을 서서 배급을 기다리는 동안 성당의 수녀님들이 어린 꼬마가 기다리는 것을 보고 불쌍하게 여겨 사탕이나 과일을 손에 쥐어 주기도 했다. 배고프고 삶이 힘들었던 어린 문재인의 눈에는 수녀님들이 천사처럼 보였다. 이런 고마운 인연으로 어머니가 먼저 가톨릭에 입교를 하셨고, 문재인도 초등학교 3학년 때 영세를 받았다. 문재인은 훗날 이 성당에서 결혼식을 올렸고 어머니는 지금도 그 성당에 다니고 계신다.

초등학교 6학년 때는 수업료를 내지 못해서 담임교사에 의해 학교에서 쫓겨나기도 했다. 문재인이 어린 시절 아주 인상 깊었던 추억이 있다. 그가 살던 옹색한 함석지붕 판잣집의 지붕이 날아가 버리는 황당한 경험이었다. 1959년에는 부산을 강타한 사라호 태풍이 집을 덮쳤다. 그때 하필 아버지는 장사를 나가 계셔서 집에는 어린 문재인과 어머니뿐이었다. 거센 바람에 부엌문의 경첩이 빠져 삐걱거렸지만 가족들은 힘을 합쳐 그 문을 온전히 지켜내기란 역부족이었다. 부엌문이 떨어져버리자 왈칵 밀려든 바람은 온 집을 팽팽하게 부풀리는가 싶더니 급기야는 지붕을 밀어 올려 홀랑 날라가 버렸다. 그 지붕은 어디로 날아가 버렸는지 찾을 수가 없었다.

한 때는 부엌칼로 갖고 싶었던 장난감을 손수 만들다가 손톱이 뭉툭 잘려나가는 큰 상처를 입은 적이 있었다. 어린 문재인은 아팠지만 눈물도 흘리지 않았으며, 다른 아이들처럼 어른들에게 알리지 않고 혼자서 치료하였다.

어린 문재인은 가난 때문에 갖고 싶지만 갖지 못한 물건들과 하고 싶은데 하지 못한 일들이 많았다. 애당초 돈이 드는 일은 집이 어렵기 때문에 해줄 수 없다는 생각 때문에 말도 꺼내보지 못한 일들도 많았다. 문재인은 어릴 때 자전거를 너무 갖고 싶었지만 가정의 어려움을 알고 있었기 때문에 또래 아이들처럼 부모에게 자전거를 사 달라고 떼를 쓰지 않았다. 자전거를 갖는 싶은 것은 고사하고 푼돈을 내고 빌려 타는 것도 형편이 허락하지 않아 자전거를 타는 것을 배울 기회를 갖지 못했다. 그래서 문재인은 아직도 자전거를 타지 못한다.

문재인은 어릴 때 가난 때문에 늘 주눅 들어 있었다. 갖고 싶은 것이나 하고 싶은 일도 가난 때문에 참았으며 그토록 타고 싶었던 자전거도 탈 수 없었고, 무료 급식을 받아먹으며 마음에 상처도 많이 입었다. 그러나 어린 문재인은 다른 또래 아이들이 비해서 집이 너무 가난했기 때문에 자연스럽게 자립심과 독립심을 키울 수밖에 없었다. 문재인은 가난해서 어려운 어린 시절을 살았지만 오히려 더 이상 가난할 수 없었기 때문에 성공해야만 한다는 뚜렷한 목표의식을 가질 수 있게 되었다.

우리 주변에는 아무리 힘든 일이 있어도 잘 견뎌 내고 성공의 발판으로 삼는 사람이 있는가 하면, 부족한 것 없이 여유로운 듯해도 쉽게 포기하고 좌절하는 사람도 있다. 어린 문재인은 가난을 원망한 것이 아니라 오히려 가난을 통해서 문재인은 남들보다 일찍 강한 인내력과 독립심을 키워 나갔다.

문재인은 어릴 적 가난의 기억은 살아가면서 그대로 인생의 교훈이 됐다. 더 이상 가난하고 싶지 않았지만, 그렇다고 혼자 잘 살고 싶지도 않았다. 어려운 시기에 자신이 받았던 도움처럼 어려운 사람들을 도우며 살고 싶었다. 이러한 경험은 문재인이 정치인이 되면서 어린 시절의 경험을 통해 서민의 입장에서 생각하고 그들을 위한 경제정책을 펼치겠다는 공약을 하는 것은 이런 성장 배경과 무관하지 않은 것이다.

2012년 SBS의 힐링 캠프에 문재인 후보가 출연했을 때 자전거를 갖고 싶었지만 가난 때문에 가지 못한 것은 물론 배우지도 못했다는 사실이 알려지면서 제작진으로부터 자전거 한 대를 선물로 받았다.

문재인은 그 자전거를 사상의 선거 사무실에 갖다 놓았는데 커다란 선거 벽보 앞에 놓인 자전거 앞에서 많은 방문객들이 사진을 찍곤 했다. 자원봉사자들은 그 자전거에 바람개비를 달아 장식해 주었다. 그 자전거를 타고 바람개비를 힘차게 돌리며 맘껏 달리는 상상을 하면 언제나 가슴이 설레었다고 한다.

| SBS의 힐링 캠프 제작진이 보낸 자전거 |

중학교 시절
독서로 희망을 꿈꾸다

　문재인은 사람들에게 독서광으로 알려져 있다. 그의 책 〈운명〉은 이렇게 말한다. "지금도 나는 책읽기를 좋아한다. 아니 좋아하는 차원을 넘어, 어떨 땐 활자중독처럼 느껴진다." 문재인은 지금도 항상 옆에 책을 끼고 다니며 읽고 있다. 문재인이 이렇게 성공하게 된 것은 바로 독서의 힘이라도 해도 과장은 아닐 듯하다.

　문재인이 초등학교를 다닐 때는 중학교도 입학시험을 보았다. 입학시험을 앞두고 남항초등학교에선 6학년을 늦게까지 남겨 공부시켰는데 그때 문재인은 자신이 공부를 잘하는 편이라는 걸 처음 알았다고 한다. 문재인은 남항초등학교를 다니는 동안 과외수업 한번 받지 않았지만 무난히 부산의 최고 명문인 부산광역시 서구 토성동에 있는 경남중학교에 합격하였다.

당시 경남중학교는 부산 최고의 명문학교답게 부산에서 유복한 집안에서 자란 친구들도 많이 입학하였다. 문재인은 부유한 집안에서 자란 친구들을 보면서 자연스럽게 빈부의 격차를 느끼기 시작하였다. 부유한 집안에서 자란 친구들은 상상할 수 없이 큰 집에서 살고 가정부로부터 도련님 소리를 듣는 학교 친구들과 가정 형편이 어려워 가난한 생활을 해오던 문재인과는 어울리기 힘들었다. 문재인은 중학교에 들어와 처음으로 세상의 불공평함과 그로 인한 위화감을 피부로 느꼈다.

문재인은 공부는 잘했지만 그렇게 눈에 띄는 학생은 아니었고, 내성적인 학생이었다. 친구관계도 넓게 하지 않고 오직 조용히 공부만 하는 스타일이었다. 한마디로 선생님 말씀을 잘 듣고, 학교생활을 열심히 하는 모범생이었던 것이다. 문재인의 동창들은 조용한 모범생으로만 인식하고 있었기 때문에 나중에 대학에 가서 학생운동을 했다는 이야기를 듣고, 믿지 않았을 정도였다.

그런 문재인을 구원해준 것은 바로 '책'이었다. 아버지는 장사를 나갔다가 한 달에 한 번 정도 집으로 돌아올 때 책을 사다주곤 했다. 주로 동화책이나 위인전 등을 문재인에게 사다줬다고 한다. 아버지가 다른 책을 사올 때까지 두 번, 세 번 읽었다.

초등학교 시절, 교과서 외에는 읽을 책이 전무했던 소년 문재인은 아버지가 가져다 준 책 외에도 3년 위 누나의 교과서에 나오는 시와 소설들까지 남김없이 읽어치웠다. 읽을 것이 부족했던 그에게 도서관은 꿈의 공간이었다. 현실에서 느끼는 어려움을 극복하기 위해 문재인은 자연스럽게 도서관에 파묻혀 좋아하는 책을 읽기 시작하였다.

중학교에 들어가서 도서관을 다니며 닥치는 대로 읽었다. 중학교 2학년 3개월 가량은 도서관 문 닫을 때까지 책을 읽었다. 한국소설에서 시작한 독서는 외국소설을 넘어 그 영역을 확장해나갔다. 심지어는 당시 진보적인 색깔을 띠고 있던 월간지인 〈사상계[思想界]〉 등을 읽으며 어렴풋하게 나마 사회의 모순과 자신이 앞으로 어떤 세상을 만들어야 하는지를 알게 된다. 당시 〈사상계〉는 월간지로 1953년 창간되어 고 장준하선생이 발행인으로 하여 정치·경제·문화·사회·철학·교양·문학·예술 등 다방면에 걸쳐 권위있는 글을 실었다. 〈사상계〉의 편집의 기본 방향은 ① 민족통일문제, ② 민주사상의 함양, ③ 경제발전, ④ 새로운 문화창조, ⑤ 민족적 자존심의 양성으로 요약된다. 또한 신인문학상과 동인문학상 등을 제정하여 역량있는 신인들을 발굴하는 한편, 작가들의 창작의욕을 고취시켰다.

문재인은 책을 읽으면서 자신만의 세상에 빠져들기 시작하였다. 문재인은 책 속에서 다른 세상을 만나는 것이 정말 행복했다. 문재인에게 있어 책 속의 낯선 세상은 참으로 흥미진진했다. 문재인은 책을 읽으면서 꿈을 키우면서 상상력을 자극하였다.

문재인은 지금도 책읽기를 좋아한다. 어디 여행을 가도 가져가는 책 때문에 짐이 더 무거워진 적이 많으며, 쉴 때도 손 닿는 곳에 책이 없으면 허전하다고 하였다.

| 문재인의 경남중학교 시절 |

문재인은 어렸을 때부터 어려운 가정환경에서 자라다 보니 자기 신념에 따라 누구의 도움을 받지 않고도 혼자 문자를 해결하려는 독립심이 강했다. 뿐만 아니라 어려운 상황을 헤쳐 나가는 의지 하나만은 누구보다도 강했다.

　　가난하고 내성적인 어린 문재인은 책과 신문, 잡지를 닥치는 대로 읽으면서 세상 돌아가는 일에 눈을 뜨고 자신을 단단하게 만들어 갔다. 문재인은 당시를 회상하면서 "체계적인 계획이나 목표 없이 마구 읽었다. 하지만, 이런 독서경험은 나를 성장하게 만들었다. 그리고 독서를 통해 세상을 알게 됐고, 인생을 알게 됐다. 사회의식도 생겼다"고 말한다. 뒷날 인권변호사의 길로 들어서게 된 데에는 이러한 독서와 어린 시절 겪었던 가난했던 시절의 경험이 밑거름이 되었다.

전국 명문
경남고등학교에 진학하다

　문재인은 경남중학교를 졸업하고 부산광역시 서구에 있는 경남고등학교에 수석으로 합격하였다. 당시 경남고등학교는 비평준화 시절 명문대에 많은 합격생을 배출한 부산과 경남에서 가장 명문학교로 유명한 학교였다. 경남고등학교는 1942년 4월 30일 부산 제 2공립중학교로 개교하여 1953년 8월 19일 경남고등학교로 개명하였다.

　문재인이 고등학교를 진학할 당시에 경남고등학교의 서울대 진학률은 전국입시 순위 4~5위를 차지하여 전국 10대 명문고에는 경남고등학교를 포함해 경기고, 서울고, 경복고,

경북고, 경기여고, 광주일고, 전주고, 대전고 등이 차지하였었다. 경남고등학교의 교훈은 '근검 자립하자. 규율을 지켜 자유롭게 살자. 책임을 다해 얼려 살자.'로 되어 있다.

경남고가 경남에 있지 않고 부산에 있는 이유는 광복 직후 부산이 광역자치단체가 아니었고 경남에 속해 있어서 경남도청 소재지가 부산이었기 때문이다. 경남고는 상대적으로 부산의 부잣집 아들들이 많이 갔다. 경남고 졸업생 들 중에는 사업가와 정치인이 많다.

특히 경남고는 정·관계 인맥이 화려한데 김영삼 전 대통령, 김형오·박희태 전 국회의장, 양승태 전 대법원장, 김기춘 전 대통령비서실장 등이 이 학교 출신들이다. 경남고등학교에 다니는 학생들은 걸핏하면 "한강이남에서 제일"이라 말할 정도로 일류 학교라는 자부심이 강하다. 실제로 경남고등학교는 김영삼 전 대통령과 문재인 대통령 등 대통령을 두 명 배출한 유일한 고등학교가 되었다.

문재인은 경남고등학교에 입학하여 고교 시절 초기에는 학교에서 '문과에 문재인, 이과에 승효상(대한민국의 유명 건축가로서 노무현 전 대통령 묘역을 설계함)'이란 말이 있을 정도로 학업에서 머리가 좋은 것으로 두각을 나타냈다. 그러나 점차 시간이 지나면서 중학교 때보다 활달해져가면서 다양한 그룹의 친구들을 가리지 않고 폭넓게 사귀었다. 중학교 다닐 때처럼 책에만 파묻힌 게 아니라 친구들과도 많이 어울렸다. 문재인은 공부 잘하는 친구들과도 어울렸지만, 이른바 '노는' 친구들하고도 잘 어울려 친구 관계는 매우 좋았다.

문재인은 고등학교 시절 축구 같은 운동을 좋아해서 수업시간에 '땡땡이' 치고 축구를 하기도 했다. 문재인은 학과공부에 신경 안 쓰고 다른 일에 빠져있긴 했어도, 공부를 잘해서 상위등수는 계속 유지했다. 부모님들은 문재인이 제대로 공부하는 모습은 못 보았기 때문에 걱정은 하셨지만, 성적은 그런대로 잘 나왔기 때문에 별 간섭을 하지 않으셨다.

문재인은 고등학교 시절 아주 별나게 굴거나 말썽을 부리는 학생은 아니었다. 그런데 이상하게도 학칙이나 규칙 같은게 잘 안 맞았는지, 정학을 네 번이나 당했다. 그 중에서 두 번은 다른 친구에게 시험답안을 보여주다 들켰다.

1학년 때는 이번 시험을 망치면 유급당할 절박한 처지에 놓여 있는 친구가 불쌍하기도 하고, 하도 간곡하게 부탁하는 바람에 시험시간에 시험지를 친구에게 보여주다 걸리고 말았다. 결국 이 일로 인해서 고등학교 1학년 때 정학을 맞게 된다.

2학년 때에도 딱한 사정으로 도와야 하는 친구가 있어 아

예 세계사 시험지에 답을 다 적어서 통째로 넘겨줬다. 문재인은 답안지를 내고 나왔지만 이 친구가 자기만 보고 말았어야 하는데 사방에 돌려버렸다. 문재인의 답안지가 빙글빙글 돌아다니다 결국 한참 떨어져 앉아있는 아이 자리에서 발견돼 선생님에게 발각되었다. 시험이 끝난 후 세계사 시험은 전교에서 유일하게 100점을 받아 선생님에게 칭찬 받았으면서도, 교칙을 어겼기 때문에 중간에 답을 본 친구들은 징계하지 않고 답을 적어 준 문재인과 마지막에 답을 받은 친구 두 명이 정학을 받았다.

고등학교 1학년과 2학년 때 받은 정학은 문재인이 대부분 친구들과 친해서 어려운 친구를 도와야 한다는 생각에서 일어난 일이었다. 그러나 문재인은 이 일이 정말 잘못된 일이

| 경남고등학교 시절(가운데 줄 맨 오른쪽) |

라는 것을 깨닫게 된다. 아무리 친구 관계라도 해도 지킬 것은 지켜야 한다는 생각에 점점 친구관계에 대해서 맺고 끊는 것을 정확히 하기 시작하였다. 이러한 습관은 나중에 청와대에서 막강한 권한을 쥔 민정수석 비서관을 할 때 생활신조로 '깨끗하고 또 깨끗하라' 라는 그의 원칙을 지켜갈 수 있게 해 주었다.

성공한 사람들의 특징을 보면, 그들은 원칙을 지키며 살았다. '원칙'이란 살면서 일관되게 지켜야 하는 기본적인 규칙이나 법칙을 말한다. 원칙에 대해 구체적으로 알아보면 원칙은 '무엇이 올바른 행위인가?' '나는 어떻게 행동하고 살아야 하나? '나는 무엇을 위해 살 것인가?' '나는 어떻게 살아야 하는가?' 등을 말한다.

문재인은 자신이 가난하게 성장하면서 나중에 성인이 되면 낮고 어려운 곳을 돌보는 사람이 되겠다는 소신을 가졌다. 문재인이 어른이 되어 큰 사건들을 겪으면서도 흔들리지 않고 원칙을 지킬 수 있었던 것도 어릴 때부터 가졌던 소신 덕분이었다. 지금까지 문재인은 어떠한 압력이나 위협 속에서도 자신이 가진 소신을 지키려고 흔들리지 않고 오직 자기가 가고자 하는 길을 걸어왔다. 한마디로 문재인은 어떠한 일이 있어도 원칙을 지키는 것으로 유명한 사람이다.

문재인은 '사람 사는 세상'을 만드는 정치인이 되고자 하는

것도 어려서 겪은 가난한 생활 경험이 바탕이 된다. 사람이 평생을 살면서 소신을 일관성있게 갖는 것은 쉽지 않다. 이랬다저랬다 하는 사람들은 자신의 행동과 말에 일관성이 부족한 사람들인데, 그런 사람들을 소신이 없기 때문에 신뢰를 받기가 어렵다. 문재인은 소신은 어릴 때부터 일관성을 가지고 있기 때문에 문재인을 존경하는 사람이 많아진 것이다.

문재인은 소신을 갖는 방법에 대해서 다음과 같이 말했다. "소신을 갖기 위해서는 원칙을 바로 세우는 것이 중요합니다. 원칙이 생기면 소신을 생각할 필요가 없기 때문이지요. 어떤 분들은 일관성을 지키기 위해서 자기가 과거에 했던 여러 가지 결정들을 돌아보고 '거기에 맞는 결정을 이번에 하면 되겠지'하고 생각하지만, 그런 경우는 오히려 소신을 지키기가 어렵지요"

청와대에서 근무할 때 자신의 소신에 어긋나면 노무현 대통령에게도 직언(直言)을 한 적이 있을 정도였다. 자신이 소신을 가질 수 있었던 것은 정치적 야욕과는 무관한 사람으로, 청와대에서 근무를 하던 시절에도 본인의 훗날에 대한 욕심이 없었기 때문에 가능했다.

문재인은 청와대에 있으면서 청탁을 근절하고 남들에게 오해를 살 일을 만들지 않기 위하여 경남고등학교 동창회도 나가지 않았으며, 친구의 전화는 가려서 받았다. 이로 인해 한때 경남고등학교에서는 제명해야 한다는 이야기까지 거론 되었다. 이러한 결과는 문재인과 경남고등학교 동기들이었지만 노무현 전 대통령 임기 중에 검사장으로 승진한 열일곱 명 중에는 동문은 한명도 없었을 정도였다.

고등학교 시절
사회참여에 관심을 갖게 되다

문재인은 고등학교에 입학하여 처음에는 촉망받는 인재였지만 시간이 갈수록 극도로 가난한 자신의 처지에 낙망하여 방황 아닌 방황을 시작하였다. 문재인은 명문고등학교를 다니는 다른 친구들처럼 오로지 공부에만 매달리지 않고, 자신의 부족함을 채우기 위하여 서클활동을 하기도 했고, 방학 때 무전여행이나 캠핑 같은 것도 했다. 시간이 갈수록 공부는 더 뒷전이 됐지만 친구들을 폭넓게 사귀게 됐다. 그러면서 사회에 대한 관심과 직접 사회 참여 활동에 관심을 가지게 되었다.

문재인은 경남고등학교 3학년 때 술과 담배를 배웠다. 당시 경남고등학교는 술이나 담배를 금지하긴 했어도, 모른 척 용인해 주는 분위기가 있었다.

　문재인에게 있어 고등학교 3학년 때의 봄 소풍은 대학입시 때문에 가을 소풍이 없기 때문에 학창시절 마지막 소풍이었다. 그래서 봄 소풍은 매우 의미가 있었기에 친구들과 잊지 못할 추억을 만들고 싶었다. 소풍을 가서 자유 시간이 되어 자유를 만끽하고 싶어 친구들과 술을 마시기로 하고, 인근 마을에서 술을 사갖고 와 마셨다. 기분 좋은 시간이 지나고 친구 중 한 명이 몸을 가누지 못할 정도로 많이 취했다. 문재인과 친구들은 담임 선생님께 들킬까봐 걱정이었는데, 아니나 다를까 집합시간에 술에 취한 친구가 담임 선생님 앞에서 인사불성이 되어 뻗어버렸다. 문재인은 할 수 없이 함께 술을 마셨다고 자백한 후, 인사불성이 된 친구를 업고 병원에 가서 위세척까지 하고서야 깨어났다. 학교에서는 술 마신 학생들을 처벌을 하느니, 마느니 하다가 그래도 의리를 지켜 솔직하게 자백한 정상이 참작되었지만 이 일로 3번째의 정학 받았다.

　3학년 여름방학이 끝날 무렵에는 친구들과 축구시합을 한 다음, 학교 뒷산에서 술 마시고, 담배피우며 고성방가 하다가 하필 당직을 하고 있던 지도부 주임 선생님에게 잡혔다.

그리고 떼거리로 유기정학을 받았다. 이로 인해 문재인은 고등학교에서 4번째의 정학을 받게 된다.

문재인이 중고등학교를 다닐 때 친구들이 부르는 별명은 '문제아'였다. 처음엔 그냥 '문제인 → 문제인물 → 문제아'라는 이름 때문에 생긴 별명이었는데, 술을 마신 두 번의 사건이 알려지면서 진짜 문제아가 됐다.

부모님은 일찍부터 모든 것을 알아서 잘하는 문재인을 어른대접 해주셨고 술 담배도 간섭을 하지 않았다. 문재인이 고등학교 시절 무심코 교복 주머니 속에 담배를 넣은 채 옷을 빨아달라고 내놓은 적이 있었다. 나중에 어머니는 아들의 교복을 빨다 주머니를 만져보니 담배가 나와서 나름대로 충격은 받으셨지만, 아무 말씀 안 하시고 담배를 그대로 내 책상 위에 얹어두셨다. 속으로 크게 걱정하셨을 텐데 내색을 전혀 하지 않으셨기에 문재인은 어머니에게 죄를 지은 것 같은 죄송함을 느꼈다.

문재인이 고등학교에 다닐 때에는 지금처럼 대학생 수가 많지 않아 고등학생만 돼도 많이 배운 축에 속해 좋은 직장을 얻을 수 있었다. 그리고 고등학생들을 요즘처럼 어리게만 보지 않고 어른 대접을 해주던 시대이다. 더욱이 419 혁명이 일어 난지 얼마 되지 않았기 때문에 중요 시국상황을 맞이하면 고등학생들도 시위에 동참하던 시대였다.

1969년 6월 5일 야당인 신민당과 재야인사를 중심으로 하는 '3선 개헌반대 범국민투쟁준비위원회'가 구성되어 시위를 시작하였으며, 6월 12일 서울대학교 법대, 6월 17일 서울대학교 문리대를 시작으로 성토대회, 시위가 각 대학으로 번져 갔다. 이러한 반대 시위는 고등학교까지 번지기 시작하였다.

　　1969년 6월 17일 거창 고등학교 학생들은 삼선 개헌 반대 시위를 벌여 박정희 정권의 장기 집권 기도에 저항하였다. 학생들의 민주화 운동은 전영창 교장의 "불의를 보고 일어설 줄 모르고 잘못을 알면서 참고 있는 젊은이들은 교육할 가치가 없다"라는 훈시를 듣고 그날 저녁 3학년 학생들을 중심으로 여러 모임에서 시위가 논의되어 다음날6월 19일 전교생이 거창 시내를 행진, 삼선 개헌 반대 구호를 외치면서 시위를 전개하였다. 이로 인해 자극을 받은 전국의 고등학교에서도 자극을 받아 시위에 참가하게 되었다.

　　문재인이 고등학교 2학년 때 경남고등학교에서도 전교생들이 교정에서 3선 개헌반대 데모를 하고 교문 밖 진출을 시도할 때 문제인도 참여를 하였다. 그 무렵 데모 진압을 막기 위해 막 도입된 최류탄 살포 차인 페퍼포그 차를 동원해 교문을 막고 있었다. 문재인과 학생들은 운동장으로 나와서 소리쳤다. "3선 개헌 반대!" 그때 경찰들이 가스를 뿜으며 학생들을 학교 안으로 밀어 버렸다. 결국 시위는 실패로 끝났지만 문재인과 학생들의 가슴에는 사회 현실에 더욱 적극적으로 참여하겠다는 뜻이 새겨졌다. 이때부터 문재인은 올바르지 못한 것을 보면 꼭 고쳐야 한다는 마음을 가지게 되었다.

한편 그해 초부터 고등학교에서도 교련이 실시됐다. 박정희 정권이 장기집권을 위해 학교를 병영화하고, 학생들을 장악하려는 의도였다. 학생들은 교련에 대한 불만도 많았다. 이로 인해 교련시험 때 백지 답안지를 집단으로 낸 일도 있었다. 문재인은 이런 일들을 직접 경험하면서 사회의식과 정치의식을 크게 키우게 되었다. 밖으로 나가지는 못했다. 그러나 이 사건으로 꽤 오랫동안 경남고등학교는 휴교를 해야만 했다.

한편 1968년 초부터 교련이 고등학교에서도 실시하도록 규정이 바뀌었다. 교련은 학생들에게 실시하는 과정별 필수 교과목의 하나로 국가안전과 개인 및 집단 안전에 필요한 지식을 이해하고, 각종 재난과 위협에 능동적으로 대처할 수 있는 능력을 기른다는 명분으로 실시하였다. 그러나 이는 박정희 정권이 장기집권을 위해 학교를 병영화하고, 학생들을 장악하려는 의도에서 시작하였다. 따라서 고등학생들은 교련에 대한 불만도 많았기 때문에, 이로 인해 교련시험 때 백지 답안지를 집단으로 낸 일도 있었다. 문재인은 이런 일들을 직접 경험하면서 사회의식과 정치의식을 크게 키우게 되었다.

문재인은 학교에서 정학을 당하기도 했지만 그보다는 3선 개헌 반대 시위, 학교를 병영화하려는 교련에 대한 항의 등을 계기로 사회의식과 정치의식을 높였다. 문재인이 말하는 시대정신인 '정의'라는 단어를 이때부터 가슴속에 심게 되었다. 결국 경남고등학교 시절에 문재인은 내면을 성장시키고 건강한 사회의식을 갖게 되는 중요한 시기였다.

현재 문재인의 생각과 삶의 모습은 하루아침에 뚝딱 만들어진 게 아니다. 어린 시절부터 학창시절을 거쳐 가면서 더 단단하게 사회 정의를 실현하는 의지를 키웠기 때문이다.

| 경남고등학교 졸업사진 |

유신반대 시위를 하다

    문제인은 경남고등학교 학교 다닐 때 국사나 세계사와 같은 역사과목이 제일 재미있었고, 성적도 거의 100점을 맞았다. 지금도 문제인은 역사책 읽는 걸 좋아한다. 대학에 가서도 역사학을 공부하고 싶어 했지만 사학과를 가기에는 높은 점수가 아깝다는 이유로 담임 선생님과 부모는 반대하였다. 만약 문제인은 자기가 원하는 대로 사학과에 입학했다면 지금과는 완전히 다른 길을 걸었을 것이며, 역사학자나 대학교수가 되어있었을지도 모른다.

    결국 담임 선생님과 부모의 뜻을 거스르지 못하고 서울대로 진학하기로 결정하고 공부를 하였다. 그러나 사회에 대한 반항 등으로 고교 시절 방황을 하다 결국 대학 입시에 실패하게 된다. 고등학교 졸업 후 1971년 종로학원 진입 시험에서도 일등을 하며 학원비를 면제받고 재수를 시작했지만, 서울에서 계속 재수 생활을 이어갈 만큼의 형편이 못되었다. 결국 집안 형편을 고려해서 문재인은 서울대를 포기하고 4년 전액장학금을 받기로 하고 경희대 법대에 수석 입학했다. 경희대를 정한 데에는 자신의 부모와 같이 이북에서 내려와 부산과 서울에서 경희대학교를 일으킨 조영식 박사의 권유가 있었기 때문이라고 한다.

1972년 10월 문재인이 경희대 1학년에 입학하고 10월 달에 박정희 전 대통령에 의해서 유신헌법이 선포됐다. 유신헌법은 대한민국 제4공화국의 헌법으로 헌정 사상 7차로 개정된 헌법으로 박정희 전 대통령이 자신의 집권을 장기화하기 위하여 영도적인 대통령제를 만들겠다는 취지에서 만든 법이다. 유신헌법을 통과시키기 위하여 초헌법적인 국가긴급권을 발동하여 국회를 해산하고 정치활동을 금지하는 동시에 전국적인 비상계엄령을 선포한 뒤, 헌법개정안을 작성하여 국민투표로써 확정하도록 지시하였다. 이로 인해 유신헌법을 반대하는 세력에 대한 탄압이 이어졌으며, 철저한 감시와 폭력에도 국민들의 저항은 이어졌고, 민주화 운동도 그만큼 발전하였다. 이러한 탄압에 대학생들이 가장 앞장서서 돌파하였으며, 가장 가혹한 탄압을 받은 것도 학생들이었다.

당시 경희대학교는 유신헌법에 반대하는 학생운동에 적극적으로 참여하지는 않았지만, 문재인은 학교근처에서 하숙생활을 하면서 밤늦게까지 참혹한 현실에 대해서 친구들과 많은 대화를 나누었다. 문재인은 하숙하는 동안 박정희 정권의 부당함에 대한 비판의식과 사회의식을 키워 나갔다. 문재인은 더 이상은 가만히 세상을 지켜보기에는 한계가 생겨 오랫동안 키워온 사회의식을 통하여 학생운동에 본격적으로 참여를 시작하였다.

유신헌법이 발표되고 나서 재판도 받지 않고 끌려가거나 정권에 반대하는 사람들이 간첩죄로 몰려 사형을 당하기도 하였다. 문재인이 경희대학교 법대 3학년 시절 유신반대 열기가 전국 대학가의 캠퍼스를 뒤덮었다. 전국적으로 시위가 확산되고, 긴급조치를 연이어 발표하고 '헌법에 대한 일체의 비판이나 반대 논의를 금지'하는 내용으로 긴급조치 위반자는 영장 없이 체포 구금할 수 있게 했으며, 이 조치를 비방하는 사람 역시 1년 이상의 징역형에 처할 수 있게 했다.

뿐만 아니라 민청학련사건(1974년 전국의 각 대학은 민주청년학생총연맹(민청학련)의 이름으로 대규모 시위를 계획하지만, 중앙정보부는 오히려 민청학련이 북한의 사주를 받아 국가를 전복시키고 공산정권을 수립한다는 정치공작으로 180여 명에게 사형과 무기징역 등을 선고하였다.)과 최근 논란이 되었던 인혁당(인민혁명당 사건은 1974년 4월 군사독재에 맞서 대학생들이 궐기하자 당시 중앙정보부가 국가보안법 위반 등의 혐의로 23명을 구속기소했으며 법원은 이 중 8명에게는 사형, 15명에게는 무기징역 및 징역 15년의 중형을 선고한 사건이다. 사형이 선고된 8명은 대법원 상고가 기각된 지 20여 시간 만에 형이 집행됐다.) 사건 등이 터졌다.

당시 경희대에서는 유신헌법을 반대하는 학생운동이 없었기 때문에 비교적 조용한 학교 생활을 보내고 있었다. 그러던 경희대에서도 가을에 접어들자 재단 퇴진 농성을 계기로 유신 반대 시위가 계획되었다. 문제인은 당시 총학생회장이던 강삼재(11대총선에서 국회의원으로 데뷔한 이후 김영삼 전 대통령의 측근이라고 불렸으므로 신한국당의 사무총장을 지냈고, 한나라당 부총재가 되었다.)를 대신하여 당시 총학생회 총무부장으로서 집회에 필요한 선언문을 작성하고 시위를 주도했다. 이로 인해서 경찰은 대대적인 체포 작전에 돌입하여 시위를 주동한 사람들을 구속하고 고문을 시작하였다. 이에 문재인은 자신이 유신반대 시위를 주동하였기에, 죄 없는 학우들을 피해를 보지 않도록 제 발로 걸어가 경찰

에 체포되었다.

결국 문재인은 1975년 4월 11일 집회 때 구속되어 1975년 6월 집회 및 시위에 관한 법률 위반으로 징역 2년을 선고받고 학교에서 제적당했다. 문재인은 시위를 주동하게 되면 구속과 함께 제적될 것이라는 것을 처음부터 알고 있었다. 이처럼 자신의 미래가 어떻게 다가올지를 알고 있으면서도 시위를 주도할 수 있었던 것은 용기가 바탕이 되지 않고는 할 수가 없는 것이다. 집에 자신의 소식이 알려지면 충격을 받을까봐 알리지 않았다. 오히려 되도록 늦게 알았으면 하는 바람이 더 컸다.

유치장에 수감되어 있다가 교도소로 이송되던 날, 호송차의 동전만 한 구멍을 통해 어머니가 팔을 휘저으며 "재인아! 재인아!" 소리쳐 부르는 모습을 보았다. 아들의 구속을 뒤늦게 알고 급히 서울로 올라오신 어머니가 어디라 의지할 데도 없이 이곳저곳을 전전하다가 검찰청에서 우연히 호송차를 타는 문재인을 발견했던 모양이었다.

문재인은 이 장면이 마치 영화 장면 같은 뇌리에 깊이 각인되어 지금까지도 기억이 생생하다고 한다. 어려운 형편에 무리를 해가며 대학까지 보낸 자식이 포승줄에 묶여 교도소로 향하는 모습을 보았을 때, 부모님의 심정이 어떠했을까 생각하면 그 죄송스러움을 견디는 것은 참으로 고통스러운 일이었다. 그래서 그런지 아버지는 아들의 힘들어 하는 모습을 보지 않으려고 아예 면회를 오지 않았다.

법원에서 검찰은 징역 2년을 구형해서 감옥에서 징역을 살아야 할 것이라는 예측을 하였는데, 어찌된 일인지 선고에서는 징역10월의 집행유예가 선고됐다. 생각지 못한 뜻밖의 행운으로 문재인은 더 이상 감옥에 있지 않고 풀려날 수 있었다. 나중에 알았지만 담당 판사는 국가가 잘못한 것이지 학생들에게는 죄가 없다고 생각해서 소신 판결을 내린 것인데 이로 인해 그 판사는 판사 재임용에서 불이익을 받아 탈락했고, 결국은 법복을 벗었다. 가슴 아픈 일이 아닐 수 없었다.

| 문재인의 대학시절 친구들과 함께 |
(맨 뒷줄 오른쪽 세 번째가 강삼재. 가운데 줄 오른쪽 세번째가 문재인)

문재인이 위대한 이유는 바로 용기있는 사람이었기 때문이었다. 당시는 서슬퍼런 권력에 의하여 재판도 받지 않고 구속되어 고문을 당하거나, 죄를 뒤집어 쓰고 사형도 당하는 시기였다. 그러나 문재인은 대학을 다니면서 평범하게 살 수도 있지만 사회 정의를 구현하기 위해서 민주화 운동에 참여를 했다. 문재인은 대학을 다니면서 두 번의 구속을 당하고 강제 징집을 당했지만 정의로운 삶을 포기하지 않았다. 문재인은 용기있는 사람이었었기 때문에 모든 어려움을 참고 인내하였으며 끊임 없는 도전을 할 수 있었다. 문재인의 용기는 모든 사람들에게 리더로서 인정을 받게 하는 원동력이 되었다.

강제 징집과 아버지의 사망

　문재인은 석방이 되자 곧바로 입영 영장이 날아왔다. 박정희 정권 때는 녹화 사업이라는 것이 있었는데 학교에서 문제가 있거나 시위를 한 학생들은 강제로 군대에 입대하는 제도였다. 문재인도 시위로 재판을 받고 형을 받았기 때문에 이런 저런 생각할 틈도 없이 바로 군대에 입대를 해야 했다. 결국 문재인은 신체검사도 받지 않은 상태에서 1975년 8월 육군에 징집되었다. 신체검사 날짜와 입영 날짜가 하루 간격으로 순식간에 이루어진 소위 강제징집이었다. 39향토 사단에서 훈련을 마치고 자대 배치를 받았는데 특전사였다. 문재인이 특전사가 공수부대라는 사실을 알게 된 것은 용산으로 가는 군용열차가 삼랑진을 지날 무렵이었다.

문재인은 특전사령부 예하 제1공수 특전여단 제3대대 수중폭파요원으로 복무하였다. 6주간의 특수전 훈련을 마칠 때 정병주 특전사령관으로부터 폭파과정 최우수 표창을 받았고 자대 배치 이후 전두환 여단장으로부터 화생방 최우수 표창을 받았다.

공수특전사 편제는 일반 군대와 다르다. 1개 중대가 12명밖에 안 된다. 일반 보병부대는 통상 200~300명 가까이 될 텐데 일종의 비정규전 특수 침투부대이기 때문에 소수로 운영된다. 공수특전사는 전쟁이 벌어지면 적진 깊숙이 침투해서 단독으로 특수작전을 벌인다. 적진 내에 침투하면 적의 저항세력을 규합해, 그들에게 자신의 전문분야별 교육까지 시키는 임무도 띠고 있다. 따라서 특전사 부대 내에서 주어진 주특기는 화기, 의무, 통신, 폭파 등이었으며, 실제 필요시 낙하산을 타고 적진에 침투하여 게릴라 전등을 수행하기 위한 공수 특수 훈련을 여러 차례 수행하였다.

중대원 12명 가운데 화기 주특기 2명, 폭파 주특기 2명, 통신 주특기 2명, 정보작전 1명 등등으로 구성된다. 장교와 책임하사까지 포함해 단 12명이 내무반조차 함께 쓴다. 중대원들은 동고동락 공생공사를 한다. 물론 내무반 생활은 1년에 1/3 정도이고, 연간 2/3 가량은 밖에 나가 훈련했다. 공수부대에서는 중대장도 훈련 나가면 모든 일을 자기가 알아서 하고, 당번병이나 참모병사 따위도 없으며, 무엇보다 같이 고생을 하기 때문에 다른 부대에 비해서 전우애가 좋았다.

공수부대는 극한 상황에서 작전을 수행해야 하기 때문에 고된 훈련을 하며, 극한 상황을 극복하도록 훈련을 받는다. 문재인에게 공수부대의 생활은 갑자기 끌려왔기 때문에 힘든 것이었지만 그 중에서도 점프(공중낙하)는 무척 힘들었다. 그러나 점프는 시간이 지날수록 공중에서 낙하하기 때문에 매우 위험이 따르는 일이라 긴장을 늦출 수는 없었지만 낙하산이 펼쳐져서 공중에 떠 있는 동안엔 살아 있다는 생각과 함께 지상에 펼쳐진 풍경은 황홀할 정도였다. 문재인은 부산 출신답게 수영은 좀 하는 편이라 첫해에 바로 고급인명구조원 자격을 취득하였으며 수중 침투 훈련도 즐겁게 받아들였다.

상병 복무 중일 때에는 판문점 도끼 만행 사건 때 미루나무 제거조로 투입되기도 하였는데, 당시 소속 부대 여단장이 전두환, 대대장은 장세동이였다. 나중에 전두환은 대통령이 되었고, 장세동은 경호실장이 되었다. 제대 후 문재인은 자신의 상관이었던 전두환의 퇴진을 위해서 대모에 참여했으

| 왼쪽 사진은 군 복무 중 취득한 인명구조원 강습 수료증, 오른쪽 사진은 전우와 함께 찍은 사진(오른쪽이 문재인) |

니 참으로 아이러니한 일이었다.

　문재인은 강제로 징집된 공수부대에서 훈련은 힘들었지만 적응을 잘했을 뿐만아니라, 어렵고 힘든 만큼 자신을 더 단단하게 만들었다. 문재인 시간이 지날수록 군 생활에서 점차 두각을 나타냈다. 군대 생활 중에 폭파 과정 최우수 표창, 화생방 최우수 표창을 받았다고 하니 실력 있는 군인이었다는 게 확실하다. 더욱이 공수부대에서 그의 주특기가 폭파라는 사실은 점잖은 지금의 이미지와 사뭇 다른 반전이하고 할 수 있다.

　문재인은 군대에서 무슨 일이든 다 해낼 수 있다는 자신감과 세상을 좀 더 긍정적으로 볼 수 있는 눈을 갖게 되었다. 문재인에게 있어 군대경험은 그 후의 삶에 큰 도움이 되었다. 많은 어려운 훈련을 생전 처음해 보는 것이었지만, 막상 해보니 다 해낼 수 있더라는 경험이 훨씬 긍정적이고 낙관적인 사람으로 만들었다. 변호사를 할 때나 청와대에 있을 때 처음 겪는 일이 많았다. 모든 일이 처음일 뿐 아니라 참고할 만한 선례가 없을 때 모든 일을 스스로의 판단으로 부딪쳐 가야 했는데, 그럴 때 군대 생활에서 배운 불굴의 도전정신은 큰 도움이 됐다.

문재인은 1978년 2월 육군 병장으로 만기 제대했다. 1978년 2월, 제대를 하고 집으로 돌아왔지만 진로 문제로 인해서 갑갑한 상황이 되었다. 경희대학교에서는 시위로 구속되었기 때문에 재적된 상태라 다시 복학하는 것은 불투명하였다. 그렇다고 특별한 기술이 없이 공부만 했기 때문에 취직하기도 어중간하였다. 문재인의 인생에서 이것도 저것도 하지 못하고 대책 없이 기다리기만 하는 가장 난감한 기간이었다. 고민으로 힘든 날을 보내고 있는 와중에 아버지가 갑자기 돌아가셨다. 문재인의 아버지는 운이 따르지 않아 하는 일마다 잘되지 않아 평생 고생을 하면서 사셨다. 평생 고생만 하시다 59세의 젊은 나이에 돌아가신 아버지 때문에 문재인은 너무나 가슴 아팠다.

더욱이 아버지가 살아 계실 때 아들로서 무엇 하나 제대로 보여준 게 없는 거 같아 죄송하기만 하였다. 문제인은 뒤늦게나마 아버지에게 한 번이라도 성공한 모습을 보여드리고 싶어 사법시험을 보기로 결심을 했다. 어머니는 아버지 죽음을 받아들이기 어려워 하셨다. 어머니는 사시면서 어렵게 살아야만 했던 아버지에 대하여 어떤 미움도 없었다. 뿐만 아니라 아버지가 돈을 못 벌어온다고 해서 어머니가 문제를 삼거나, 서로 싸운 적도 없었다.

문제인의 아버지는 원래 말씀이 별로 없으셔서 아버지와의 따뜻한 추억이 많지 않았지만, 어린 문제인에게는 강렬하게 영향을 미쳤다. 아버지에 대한 어릴 때의 기억은 아버지가 불공평한 사회에 대한 비판 의식을 갖고 있던 분으로 기억하고 있었다. 아버지에 대한 기억 중에는 가끔 〈사상계〉를 읽으셨고, 지인들에게 "왜! 한일회담에 반대해야 하는지?"를 물었던 기억도 떠올랐다. 그리고 농촌을 살리는 정책을 펼쳐야 한다며 개탄하셨던 말씀도 기억난다. 그리고 어릴 때 보여준 아버지의 불공정한 사회에 대한 비판 의식은 문제인의 공정한 사회를 만들어야겠다는 꿈을 갖게 하였다.

또한 아버지는 선비 같은 성격을 가진 분이라 남들과 싸우거나 욕설 같은 것을 한 적이 없으실 정도였다. 문제인의 아버지가 아주 가끔 하신 최고의 욕은 "거, 이상한 사람이네"

정도였다. 문재인도 아버지의 영향을 받아서 평생 욕을 안 하고 자랐다.

연애 그리고 결혼

문재인은 지금의 아내 김정숙씨와 대학 시절 법대 축제 때 파트너로서 처음 만났다. 당시 김정숙씨는 성악을 전공하는 같은 학교 2년 후배였다. 서로에 대한 호감은 있었지만 숫기가 없었던 둘은 한 동안은 고작 눈인사나 나누는 정도였다. 결혼할 운명인지 1975년 4월 시위에서 문재인은 최루탄을 맞고 기절하였고, 아내 김정숙씨씨가 물로 적셔 깨우면서 두 사람은 본격적으로 연애를 시작했다. 이때부터 김정숙씨는 부단하게 문재인을 면회다녀야 했다. 김정숙씨는 면회를 하도 다녀서 자신의 연애사를 면회의 역사라고 말하곤 한다.

문재인이 첫 번째 구속이 되었을 때, 유치장에 있는 문재인에게 고통을 잊고 기쁘게 해주기 위해서 수시로 면회를 갔다. 김정숙씨는 감옥에 갇힌 문재인이 기뻐할 일이 무엇일까를 고민하다가 문재인이 야구를 매우 좋아한다는 사실을 떠올리고는 유치장에서 면회시간 내내 문재인의 모교인 경남고등학교가 전국 야구대회에서 우승한 기사를 보여주면서 설명해 주기도 하였다. 문재인은 아무리 야구를 좋아해도 시국사건으로 구속된 처지에 야구 소식은 즐겁지 않았지만 김정숙씨의 마음 씀씀이가 귀여워서 웃음을 지었다고 한다. 나중에 문재인 부부는 이 일은 회상을 하면서 서로 웃음을 짓는 일이 되었다고 한다.

　　김정숙씨는 문재인이 군대에 강제 징집 당했을 때는 군대로 면회를 다녔다. 문재인이 제대 후에는 고시 공부를 하고 있을 때는 또 그곳으로 면회를 다녔다. 김정숙씨는 면회를 갈 때 안개꽃을 사들고 가서 부대 내에서 에피소드로 유명해졌던 적이 있다. 일반적으로 군대 간 애인을 첫 면회할 때는 대개는 통닭이나 떡 같이 배불리 먹을 것을 들고 갔다. 그만큼 옛날 군인들은 먹을 것이 없어서 배가 고팠기 때문이다. 그런데 김정숙씨가 들고 간 것은 통닭이나 떡이 아니라 한 아름의 안개꽃이었다. 문재인은 물론 배고픈 군대 동료들은

무엇인가 먹을 것을 가져올 것이라고 기대를 했는데, 안개꽃을 한 다발 들고 왔으니 얼마나 황당했겠는가? 면회 올 때 가져온 안개꽃 이야기는 두 사람의 사랑이 얼마나 순수하고 예뻤는지 잘 말해준다.

장인장모님께 첫인사를 드린 건 군대시절이었다. 평일 날 열리는 아내의 졸업연주회에 참석하기 위해 영창 갈 각오를 하고 가짜 외출증을 끊어 연주회에 참여했다. 군복차림에 베레모를 쓰고 불쑥 나타난 문재인을 보고 장인장모님께서는 깜짝 놀랐다고 한다.

문재인은 사법연수원 시절, 적은 월급이었지만 경제적 자립을 할 수 있게 되었다. 김정숙씨와 만나 7년 연애 끝에 드디어 결혼을 했다. 1982년에 장남 문준용이 태어났으며, 1983년에는 딸 문다혜가 태어났다.

| 문재인의 대학시절 김정숙여사와 함께(왼쪽) |

| 문재인의 결혼식 장면 |

　문재인은 아들에겐 엄하지만 딸에겐 무척 자상한 것으로 알려져 있다. 문재인은 시험 공부한다고 밤새우는 딸 옆에서 함께 밤을 새웠을 정도로 자상한 아빠였다. 아이들에게 엄격하게 훈육하는 게 아버지 역할인데 문재인은 한 번도 그런 적이 없었다. 문재인은 아이들에게 자유와 방임을 주면서 아이들을 끝까지 믿어주면서 자녀들에게 시간이 날 때마다 다음과 같은 말을 자주 했다고 한다.

　- 사랑한다.
　- 믿는다.
　- 자랑스럽다.
　- 더불어 잘 살아라.
　- 손해를 볼지언정 남한테 해를 끼치지 말아라.
　- 자유에는 책임이 따른다.

아들 문준용씨는 건국대 시각 디자인과를 졸업해 미국 파슨스 디자인 스쿨에서 석사 학위를 받았고, 광주비엔날레에 '마쿠로쿠로스케 테이블'이란 작품을 출품했다. 2012년 문제인 후보의 출마 선언식에 참석하는 등 아버지를 돕는 데 적극적이었다. 그러나 2017년 선거에서는 주변의 시선을 인식하여 전혀 아버지의 선거 운동에 참여하지 않았다.

딸 문다혜씨는 준용씨와 달리 아버지가 유명 정치인이다 보니 언론 노출을 꺼리고 있다. 문다혜씨는 2012년에는 아버지의 대선 출마를 반대하였으며, 아버지의 정치적인 행사에 참석하지 않고 있다. 하지만 문재인은 그런 딸의 생각까지 모두 이해하는 넓은 마음을 보였다.

딸의 정치 활동을 거절하는 거에 대해서 다음과 같이 말했다. "제 딸이기도 하지만 결혼해 남편도 있고 자식도 있는데 마땅히 그 뜻이 존중돼야 한다." 그리고 기자들에게 "우리 딸을 찾지 마시고 사생활을 보호해 줬으면 좋겠다."는 당부도 잊지 않았다. 역시 자상한 아버지였다. 그러나 2017년 대선에서는 아버지를 적극적으로 후원하였다. 2017년 대선에서는 문다혜씨가 아버지가 광화문 광장에서 막바지 유세를 할 때 어버이날 깜짝 이벤트로 손자와 함께 등장했다.

딸 다혜씨는 어버이날을 맞아 '문빠(문재인 지지자) 1호'를 자처하면서 "아버지가 대통령 후보가 돼서 다행이다. 뚜벅뚜

벅 걸어온 가장 준비된 대통령 후보라고 생각한다"고 밝혔다.

문재인은 부인 김정숙씨에게 무뚝뚝한 남편이다. 하지만 대선 출마 선언을 마친 날만큼은 달랐다. 몰래 편지를 써 온 그는 무대에서 아내에게 직접 읽어 줬다.

"내가 그냥 평범한 남편으로 곁에 있어 주기를 바랐던 당신의 소박한 소망을 지켜 주지 못하게 됐다. 이제 힘든 여정이 우리를 기다릴 것이지만, 결심한 이상 다 견뎌 낼 자신이 있고 이길 자신이 있다"

전쟁 통에 피난민으로 태어난 꼬마 문재인은 지금 한 가정의 남편과 아버지라는 자리를 넘어서 유력 대선 후보로 국민들 앞에 섰다.

| 행복한 가족 |

Ⅱ 운명이 시작되다

변호사가 되다

문재인의 사법시험 합격은 몇 가지 우여곡절을 겪은 끝에 찾아왔다. 갑작스레 돌아가신 아버지를 위해 그의 사후에라도 성공하는 모습을 보여드리고 싶은 생각에 사법시험을 보기로 결심하였다. 문재인은 어버지가 돌아가신 후 49일째 되는 날 49제를 치르고 전라남도 해남 대흥사로 들어가 지독하게 사법고시 공부에 집중했다. 하지만, 문재인이 그곳에 머문 시간은 길지 않았다. 사찰의 사정에 의해 이곳저곳을 떠돌며 고시공부를 계속한 문재인은 1979년 사법시험 1차에 합격했다.

사법시험 2차 시험을 준비하던 중이던 1980년 문재인은 경희대학교에 복학해서 복학생 대표로 활동하였다. 문재인은 1980년 10월 유신독재에 반대하는 부산 및 마산 지역을 중심으로 벌어진 박정희의 유신독재에 반대한 시위사건인 부마항쟁과, 그로 인해서 박정희 대통령이 부하인 김재규의 총에 사망하는 10.26 사태를 경험하게 된다. 그 이듬해 5월까지, 문재인은 전국 곳곳에서 민주화를 요구하는 시위인 '서울의 봄'이 일으키는 소용돌이의 한가운데 서 있었다. 문재인은 사회적인 혼란 가운데서도 시간을 내어 2차 시험을 보긴 했지만 준비가 워낙 소홀했던 터라 경험이나 쌓자는 심정으로 치른 시험이었다. 따라서 전혀 기대하지 않았다.

　　문재인은 경희대학교에서 복학생 대표로 사법시험 결과를 기다리던 그는 전두환 군부를 막아내기 위해 다시 민주화투쟁에 앞장서게 된다. 문재인은 5·18 광주 민주화 운동 하루 전에 시행된 5·17 비상계엄 전국확대 조치로 긴급 체포되었다. 문재인은 비상계엄이 발표되고 바로 그날 밤 형사 5~6명이 찾아와 권총이 겨누어진 채로 긴급 체포되었고 바로 청량리구치소에 수감되었다. 유치장에 갇혀 있을 무렵에는 합격자 발표가 있다는 사실조차 까마득히 잊고 있었다. 뜻밖의 사법시험 2차에 합격했다는 기쁜 소식을 가져온 사람은 아내가 된 김정숙씨였다.

"사법시험에 최종 합격했어요." 문재인은 뜻밖의 합격 소식을 듣고 기뻐서 어쩔 줄 몰랐다. 조금 후 경희대 학생처장과 법대 동창회장이 유치장으로 면회를 왔다. "사시 합격을 진심으로 축하 하네"

당시 경찰서장은 유치장에 여러 사람들이 문재인의 합격 소식을 듣고 면회를 신청하여 당황했다고 한다. 피의자 신분인 범죄인이 사법고시에 합격했으니 석방을 시킬 수도 없었고, 면회를 못하게 할 수도 없었다. 당황한 경찰서장은 "문재인을 유치장 밖으로 내보낼 수 없으니 면회 온 분들이 유치장 안으로 들어가 축하할 수 있도록 해주겠습니다" 경찰서장의 허락 하에 문재인을 면회 온 면회객들은 유치장 안에서 조촐한 소주 파티를 벌였다. 며칠 후 경희대학교 조영식 총장의 신원 보증 아래 제22회 사법시험에 최종 합격한 후에 극적으로 석방될 수 있었다.

석방된 후 3차 면접을 앞두고 안기부 요원이 '인터뷰' 요청이 있었다. 안기부 요원 "지금도 예전 데모할 때와 생각이 변함없느냐?"고 물었다. 일종의 사상 검증인 셈이었다. 문재인은 안기부 요원이 원하는 대답이 무엇인지 알고 있었기 때문에 대답하기 곤혹스러웠다. 안기부요원은 생각이 바뀌었다는 것과 더 이상 데모를 하지 않겠다는 대답을 요구하였던 것이다. 문재인은 머릿속에 온갖 생각이 스쳐갔지만 결코 자존심을 굽히기는 싫었다. 문재인은 "그때 생각이 옳았다고 생각한다. 지금도 난 그 생각에 변함이 없다."고 대답했다. 그리고는 최종 발표가 있을 때까지, 그렇게 대답한 것을 후회한 적도 있었다. 다행이도 결과는 최종합격이었다.

　연수원 시절은 평범하게 보냈지만 사법연수원을 차석 졸업하였다. 제22회 사법시험 합격 후, 문재인은 사법연수원에 들어가 동기였던 박원순, 고승덕, 조영래 등 걸출한 인재들 사이에서도 일등을 하며 두각을 나타냈고, 사법연수원 시험성적이 수석[18]이었고 연수원 내 최고상인 법무부장관상도 수상했지만 학생운동 전력 때문에 성적이 차석으로 밀리고[18] 원하던 판사는 물론 아무런 임용도 되지 않았다. 당시 사법연수원에서 12등이었던 고승덕이 판사로, 상위권이 아니었던 박원순도 검사로 임용되었기 때문에 불합리한 처사였다. 문재인은 검사가 되어 남을 처벌하는 일은 자신의 성격에는 맞지 않게 느껴져 판사를 지망했지만 시위를 했던 경력 때문에 임용 되지 않았다. 결국 어쩔 수 없이 변호사의 길로 들어서게 되었다.

　문재인은 사법시험에 최종 합격하기 위해서 열심히 노력을 했지만 안기부원과의 면담에서 인간적은 고뇌를 느꼈다. 더 이상 데모를 하지 않기를 바라는 안기부원의 인터뷰에 대

| 변호사 사무실을 찾은 어머니 |

해서 자신의 생각이 옳았다고 단호하게 소신을 밝혔다.

　문제인도 사람이기에 안기부원이 원하는 대답을 하고 싶다는 유혹도 없지 않았지만, 자신과 동지들을 배반하는 대답을 하지 않았다. 이는 문재인이 자신의 소신을 위해서는 어떤 것도 중요하지 않다는 것을 의미한다. 이 사례는 향후 그의 리더십이 어떤 방향으로 나아갈 것인가를 예측케 해준다.

노무현과의 운명적인 만남

문재인 대통령은 사법고시에 합격하고 사법연수원에서 차석으로 졸업하였다. 문재인은 검사가 되어 남을 처벌하는 일은 자신의 성격에는 맞지 않게 느껴져 판사를 지망했지만 유신반대 시위를 했던 경력 때문에 임용 되지 않았다. 결국 어쩔 수 없이 변호사의 길로 들어서게 되었다. 1982년 사법연수원을 수료했을 때 '법률가는 억울한 서민을 도와야 한다'는 생각으로 김앤장 등 대형로펌의 영입제의를 거절했다고 한다. 부산에서 변호사 생활을 한다면 노모를 모실 수 있다는 생각도 한몫했다. 결국 문재인은 어머니도 모실 겸 어머니가 있는 부산으로 가기로 결심했다.

당시 김정숙여사는 음대를 졸업하고 서울시립합창단원 생활을 하고 있었다. 부산으로 이사를 가게 되면 서울시립합창단원 생활을 포기해야 했기 때문에 쉬운 결정은 아니었다. 문재인은 아내한테는 몹시 미안한 일이었지만, 부산에 같이 가 줄 것을 부탁했다. 김정숙 여사는 남편 문재인의 진지한 건의에 흔쾌히 동의해 주었다. 이를 두고 문재인은 아내의 어려운 선택을 고마워했다.

부산에 내려가기로 결정했지만 막상 변호사 사무실을 개업하기에는 능력이 되지 않아 고민이 많았다. 부산에 내려가자 사법시험 동기인 박정규 씨에게 연락이 왔다. 노무현 변호사를 소개해주겠다는 것이다.

당시 노무현은 8개월간의 판사 시절을 거친 후 부산에서 변호사 사무실을 개업했다. 노무현은 고등학교 학력이라는 이유로 소위 돈이 되는 형사변론이 들어오지 않아 어쩔 수 없이 다른 변호사들이 하지 않던 조세 전문 변호사로 활동을 하였다. 조세변호사로 이름을 날리며 나름 잘 나가고 있었다. 당시까지만 해도 가정 형편이 어려웠던 노무현은 돈을 아파트도 새로 마련할 수 있었다. 노무현 스스로도 아쉬운 것 없이 사는 날이 온 것이다. 당연히 일이 많아짐에 따라 같이 일할 사람이 필요했는데 그때 노무현은 옛날 김해 장유

암에서 고시공부를 함께 하고 사법시험에 합격한 박정규씨에게 "같이 일하자"는 제안을 하였다. 노무현은 연수원 마치고 합류할 박정규를 위해 자신의 사무실에 방과 책상까지 모두 마련해 놓았다. 그러나 박정규씨는 함께 일하기로 약속되어 있었으나 갑자기 검사로 임용되는 바람에 자신의 사법시험 동기인 문재인을 대신 소개한 것이었다.

1982년 부산에서 당시 노무현 변호사와 운명적인 만남을 가졌다. 당시 노무현 변호사는 문재인 보다 사법시험 5년 선배였고 6살 위였다. 노무현 변호사의 사무실은 부산 부민동에 수수하다 못해 조금 허름한 건물에 있었다. 노무현 변호사의 사무실에서 문재인은 노무현을 처음으로 만났다. 차 한 잔을 앞에 놓고 꽤 많은 이야기를 나누었다. 처음만난 노무현의 첫 인상은 매우 소탈하고 격의가 없었다. 문재인은 처음 만났지만 "나와 같은 세계에 속한 사람"이라는 동질감이 강하게 느껴졌다. 이때의 만남을 문재인대통령은 '운명'이라 규정하였다. 온갖 우연과 필연이 뒤엉켜, 운명적 수순처럼 그와의 만남이 이루어졌던 것이다.

처음만난 노무현도 문재인이 마음에 들어 "우리 함께 깨끗한 변호사가 되어 보자"라고 말했다. 둘은 곧바로 의기투합하여 당일로 같이 일하기로 결정해버렸다. 하지만 말이 동업이지 문재인은 달랑 몸만 들어가면 될 정도로 모든 것이 준비된 상태였다. 덕분에 문재인은 아무런 어려움 없이 변호사 생활을 시작할 수 있었다. 두 변호사는 부산에서 처음 만나자마자 그날로 '변호사 노무현 문재인 합동법률사무소'를 시작하였다. 이후 두 사람의 관계는 마음이 통하고 인생이 통했다.

노무현은 당시의 관행처럼 되어 있던 사건을 소개하면 돈을 주던 알선 브로커를 단칼에 끊어버렸다. 그리고 판검사에 대한 접대도 더 이상하지 않고 실력으로 변호를 하였다. 당연히 수입이 줄긴 했지만 사무실을 운영하는 데 어려움을 겪을 정도는 아니었다. 문재인은 애초부터 근검절약하는 습관이 있었기 때문에 어려운 줄을 몰랐다.

| 합동법률사무실에서 노무현과 야유회 갈 때 |

인권변호사가 되다

문재인과 노무현은 사상공단 여공들의 인권보호를 위해 무료변론을 하는 등 인권변호사의 길을 나란히 걸었다. 이런 일련의 조치들은 자연히 주변의 법조인들로부터 주목을 받기 마련이었다. 둘은 서로를 신뢰했고 인간적으로도 매우 가까워졌다. 노무현은 문재인보다 나이가 많았지만 말을 낮추지 않았을 뿐만아니라 이제 겨우 사법연수를 마친 후배를 자신과 동등한 조건으로 대우했다. 그리고 먼저 사무실을 열어 문재인은 몸만 들어오게 하였지만 문재인은 최대한 인격적으로 존중하여 주었다. 문재인도 웬만하면 형님 소리를 잘하는 편인데 인격적으로 존경하기 때문에 그러질 못하고 항상 '선배님'이란 호칭을 사용할 정도로 어려운 존재였다. 두 사람은 변호사 노무현이 1988년 국회의원에 당선되기 전까지 노동 인권변호사로 함께 일했다.

1981년 9월 부산에서 벌어진 학림사건이라는 의미에서 붙여진 부림사건이 발생하였다. 학림사건(學林事件)은 1981년 군사쿠데타로 실권을 장악한 전두환 등 신군부세력이 민주화세력을 탄압하기 위해 학생운동 단체 등을 반국가단체로 몰아 처벌한 사건이다. 부림사건은 부산에서 일어난 학림사건으로 부산 지역 사상 최대의 용공조작 사건이었다.

부림사건은 1981년 9월 부산 지검 공안 검사의 지휘 하에 부산 지역의 양서협동조합을 통하여 사회과학 독서모임을 하던 학생·교사·회사원 등 20여명이 영장 없이 체포되었다. 이들은 짧게는 20일에서 길게는 63일 동안 불법으로 감금하며 구타는 물론 '물 고문'과 '통닭구이 고문' 등 살인적 고문을 가하였다. 이들 중에는 재판을 받으러 법원에 와서 처음 대면하였을 정도로 무관한 사람들도 있었다. 그러나 모진 고문 때문에 독서모임이나 몇몇이 다방에 앉아서 나눈 이야기들이 정부 전복을 꾀하는 반국가단체의 '이적 표현물 학습'과 '반국가단체 찬양 및 고무'로 날조되었다. 이들에게 국가보안법·계엄법·집시법(집회 및 시위에 관한 법률) 위반 혐의를 적용하여 5~7년의 중형을 선고하였다.

노무현과 문재인이 이 사건의 변호를 맡으면서 인권변호사의 길을 걷게 된 사건으로 유명한 사건이다. 문재인은 부림사건을 접하면서 서슬퍼런 전두환 시절이었지만 조작된 용공사건을 외면하는 것은 결코 그의 성품상 외면할 수 없었다. 문재인은 오히려 죄없이 부당한 대우를 받는 피의자들의 인권을 위해서 마땅히 해야 할 일이라 생각하며 변호를 담당했다.

문재인은 자신이 유신시절을 체험하며 긴급조치가 법보다 우선하여 정치적으로 반대되는 세력에게 가해지는 비인간적인 폭력을 경험하였기에 참을 수가 없었다. 더욱이 함께 모여 책을 읽은 것만으로 북한과 공산주의를 찬양하고 고무한다는 죄목으로 또 다른 폭력이 가해지는 것을 두고 볼 수 없었다.

실제로 해당사건에 연루된 그들이 읽은 서적들이 공산주의와 거리가 먼 서적들이었다. 또한 집회 결사 표현의 자유가 보장되는 헌법과 유신시절의 긴급조치가 변형되어 만들어진 국가보안법 7호의 충돌에서 집권세력의 임의적 선택한 것이 위헌이라는 사실을 발견하고 변론을 하였다.

결국 옥고를 치르던 이들은 1983년 12월 전원 형집행 정지로 풀려났으며, 이후 부산 지역 민주화운동의 중심에서 활동하였다. 부산 지역 사상 최대의 용공조작 사건으로 꼽히는 이 사건은 이후 민주화운동으로 인정을 받았다.

부림사건 이후 문재인의 친구 노무현은 조세전문 변호사에서 인권변호사로 인생의 방향이 바뀌었다. 학생운동시절부터 인권을 귀하게 여겨온 문재인은 연설로서 청중을 감동시킬 수 있는 재능을 가진 노무현을 지원하기 시작하였다. 부림사건을 통해 문재인은 주변에서 사회의 부조리에 쓰러져 억울함을 가슴으로 삭혀야만 했을 사람들을 위해 온몸으로 부딪히며 최선을 다했다.

6월 항쟁 노무현과 함께 하다

　전두환정권 말기인 1987년 1월 14일 경찰은 부산 출신의 서울대학교 언어학과 학생 박종철을 불법 체포하여 고문하다가 사망케 했다. 공안당국은 고문 치사한 사건을 조직적으로 은폐를 시도했음에도 불구하고 그 진상이 폭로되어 1987년 전국적으로 전두환의 퇴진을 요구하는 6월 항쟁의 주요한 계기가 되었다.

　부산은 부산 출신의 박종철 열사의 고문치사 사건으로 새해의 시작부터 시끄러웠다. 박종철이 부산 사람이었기 때문에 추모 열기는 그 어느 지역보다 뜨거웠다. 당시 노무현 변호사를 중심으로 한 부산민주시민협의회(부민협)을 결성하여 노무현 변호사가 상임집행위원장, 문재인은 상임집행위원을 맡으며 부산 민주화운동을 주도했다. 부산극장 앞에서 개최한 추도식은 대규모 가두시위로 이어졌다. 부산시내는 온통 시위대로 가득찼고, 부산의 뜨거운 열기로 가득찼다.

검찰은 시위를 주도한 노무현 변호사를 잡아넣기 위해 이미 기각된 구속영장을 들고 판사의 집을 전전하며 하룻밤 사이에 무려 네 번이나 구속영장을 재청구 하는 탈법을 저질렀고 이 일이 모든 매스컴에 도배가 되자 노무현 변호사는 일약 전국적 유명인사가 되어버렸다.

국민들의 민주화를 원하는 열기는 점차 그 강도를 높여가며 전두환 군사정권의 장기집권을 저지하기 위해 일어난 범국민적 민주화운동인 6월 항쟁을 향해서 모아졌다. 문재인은 노무현 변호사와 함께 부산 변호사 사회에서는 전무후무한 '호헌철폐와 직선제를 요구하는 부산 변호사 시국선언'을 이끌어내기도 하고 연일 가두시위의 선두에 서 있었다.

5월부터는 부산민주시민협의회를 모태로 한 민주헌법쟁취국민운동본부가 결성되어 노무현 변호사가 상임집행위원장, 문재인은 상임집행위원이 되어 본격적으로 6월 항쟁에 뛰어들었다.

같은 시기에 서울의 명동성당에서는 농성이 해산되었지

만, 오히려 부산에서는 가톨릭 센터 농성을 더욱 강력하게
이어갔다. 부산은 국민들의 군부독재를 끝내겠다는 구심점
역할을 톡톡히 해냈다. 이런 투쟁 끝에 결국 1987년 6월 29
일 민주정의당(민정당) 대표 노태우(盧泰遇)가 군부독재정권
의 항복 선언인 '6.29 선언'을 발표하였다.

| 87년 6월 27일 부산 범일동 성당에서 민주항쟁을 하는
대열에 선 노무현 변호사와 문재인 변호사의 모습 |

6월 항쟁은 우리 민주화 운동 역사상 가장 위대한 시민민주 항쟁이었다. 직선제 개헌이라는 명확한 목표를 달성하기 위하여 민주헌법쟁취국민운동본부라는 연대투쟁기구가 결성돼, 그 지휘 하에 목표를 쟁취할 때까지 시종일관 계획적이고 조직적으로 투쟁했기 때문이다. 이러한 부산 민주헌법쟁취국민운동본부의 중심에 노무현 변호사가 있었다.

5공화국 시기 동안 노무현 변호사만큼 치열하게 투쟁한 이가 없었다. 문재인은 그런 노무현과 함께 있었던 것은 큰 보람이었다. 노무현 변호사가 유명해지면서 사건이 많아지다 보니, 자연스럽게 문재인 변호사도 학생사건이나 시국사건을 맡는 횟수가 늘었다. 그는 밀려들어 오는 소송 요청에 눈코 뜰 새 없이 바쁜 나날을 보냈다. 이때가 '변호사 문재인'의 전성기였다.

처음부터 작정한 것은 아니었지만 유명해지다보니 자연스럽게 각종 인권, 시국, 노동 사건을 맡게 되었고, 그러다 보니 자연스레 인권변호사의 길을 걷게 되었다. 나중에는 노무현 문재인 합동사무소는 부산 경남 울산의 노동인권 사건의 센터처럼 변해버렸다. 재야운동에도 자연히 깊숙이 발을 들여놓게 되었다.

1980년대는 우리나라의 민주 정치에 암흑기와 같은 시기

였다. 전두환을 중심으로 하는 군부독재에 대항하는 민주 세력에 대해서는 초헌법적인 억압과 탄압을 일삼았기 때문에 두려움이 지배하는 사회이기도 했다.

당시 많은 사람들은 탄압이 두려워 자신을 숨기거나 변절하였지만 노무현과 문재인은 사람이기에 미래가 두려웠겠지만 무시하고 오직 민주주의의 정착하기 위해서 열정을 불살랐다. 문재인은 노무현과 같이 뜨거운 항쟁을 진행하면서 노무현에 대해서 더욱 신뢰하게 되었고, 동지가 되었다.

노무현은 한 치의 두려움 없이 치열하게 인생을 살면서 옳다고 생각하면 그대로 실천에 옮겼다. 문재인은 노무현의 대의를 위한 실천에 한계를 두지 않고 최선을 다하는 모습에서 깊은 인상을 받았다. 문재인은 노무현을 통해 많은 것을 배우게 되었다.

노무현을 국회로 보내다

　1987년 6월 항쟁은 6.29 선언으로 승리의 기쁨을 누릴 새
도 없이 7~8월부터는 노동자들의 대투쟁이 시작되었다. 6
월 항쟁의 과정을 통해 고양된 민주화 열기는 6·29 선언 이
후 노동자들의 생존권확보 및 조직결성 움직임으로 나타났다.
　1987년 7월 5일 노조 불모지대였던 현대그룹에서 현대엔
진이 노조 결성에 성공한 데 이어 영남권으로 확산된 투쟁은
마산·창원의 대공장을 휩쓸면서 4만 여명이 참여한 울산 현
대그룹 노조연합가두시위에서 절정을 이루었다. 이후 부산
으로 확산된 파업투쟁은 옥포 대우조선 노동자들의 가두시

위가 일어났고, 점차 수도권으로 확산되었다.

수많은 노동자들이 구속 되거나 해고 되었다. 당시 노무현 변호사는 사실상 변호사 업무에서 손을 놓고 현장을 누비며 노동자들을 대변하였다. 결국 사건 변론은 모두 문재인 변호사가 해결해야 했다.

결국 대우조선 사건으로 노무현 변호사는 구속되었다. 노무현 변호사가 구속되자 문재인은 부산지역 변호사를 동원해 변호인단을 만들어 그를 변호했다. 부산지역 변호사 120명 중에서 기꺼이 선임계를 낸 91명을 포함, 99명이나 되는 대규모 공동 변호인단을 꾸려 재판에 임한 끝에 노무현은 구속적부심으로 석방되었다. 하지만 변호사업무는 결국 정지되고 말았다.

1988년 4월의 13대 총선을 앞두고 당시 김영삼 총재는 문재인변호사에게 총선에서 국회의원으로 출마해줄 것을 제안받았다. 문재인은 "정치인 자질은 노무현변호사가 훨씬 더 탁월하다"며 노무현 변호사를 추천했다고 한다. 노무현은 국회의원 출마 제안에 대해서 스스로 결정하지 않고 부산지역 민주화운동권에게 자신이 가야 하는지 말아야 할지를 먼저 논의해 달라고 요청했다. 문재인은 그의 정치권 진출을 찬성했고 운동권의 대체적인 논의의 결과도 그랬다. 노무현도 결단을 내려서 정치권에 발을 들여 놓기로 결심하였다. 노무현이 정치권에 발을 들여 놓는 것은 개인적 입신영달을 위해서가 아니라 부산 민주화운동권을 대표해서 파견되어 간다는 인식을 갖고 있었기 때문이다.

노무현은 지역구를 선택할 때 본인이 오래 산 부산 남구를 포기하고 연고도 없는 부산 동구를 고집했다. 이유는 부산 동구에 신군부의 5공 핵심 인물이었던 허삼수 씨가 후보로 출마한다는 사실 때문이었다. 노무현은 허삼수를 꺾어서 5공을 심판하겠다는 생각이었다. 노무현은 자기의 고집대로 출마하였고, 결국 이겼고 국회의원으로서 정치에 입문하였다. 노무현이 선거운동 할 당시에 선거 구호가 '사람 사는 세상'이었다.

'사람 사는 세상'이라는 구호는 이후로도 오래 동안, 사용되었다. 심지어는 노무현 대통령이 퇴임한 뒤에도 즐겨 쓰는 구호가 되었다. 그만큼 사람 사는 세상은 쉽게 오지 않았다. 같은 해 제5공화국 비리조사 특별위원회 위원으로 활동하면서 정연한 논리와 날카로운 질문으로 증인들을 추궁하여 유명해졌다.

청문회는 전두환 시절의 비리나 5공화국의 암흑정치에 대한 내용이었는데 당시 전두환 씨 이하 5공화국 주요 인사들이 청문회에 나와서 워낙 무대포 식으로 나오자, 분통이 터졌다. 노무현은 상당히 감정이 격해져서 잘나간다는 전두환

씨나 허삼수, 허화평, 장세동 씨 앞에서 날카로운 질문들을
계속 던지면서 증인들을 쩔쩔 매게 하였다.

청문회가 TV로 생중계가 되면서 그런 장면들이 국민들 앞
에 다 방송이 되었고, 국민들은 노무현의 예리한 질문으로
후련함을 느끼게 되었다. 자연스럽게 노무현이라는 이름이
국민들에게 각인되기 시작하였다. 노무현은 정치 신인에서
일약 비중있는 '청문회 스타'로 떠올랐다.

| 노무현의 국회의원 선거 운동 당시 사진 |

노무현의 아픔을 지켜보다

　문재인은 정치인으로서의 노무현의 기쁨과 아픔을 낱낱이 지켜본 사람이다. 노무현은 1990년 통일민주당·민주정의당·신민주공화당의 '3당 합당'에 대하여 '부도덕한 야합'이라 비난하며 정치적 후원자였던 김영삼과 결별하고 새롭게 김대중을 중심으로 한 민주당 창당에 동참하였다.

　1991년 통합민주당 대변인으로 활동하였으며, 1995년 6·27 지방선거에서 민주당의 부산시장 후보로 나섰다가 지역주의 역풍에 낙선했다. 1996년 4월 11일 열린 제15대 국회의원 총선거에 정치1번지였던 서울 종로구에 출마를 하게 출마하였으나 법정 선거비용보다 돈을 더 많이 쓴 이명박 후보에게 져 낙선하였다. 서울 종로 국회의원 선거결과는 여당 후보 이명박 씨(4만 230표, 41.0%)의 당선이었다. 노무현 후보(1만 7,330표, 17.6%)는 국민회의 이종찬 후보(3만 2,918표, 33.5%)에 이어 3위였다. 이명박 후보가 당선된 원인에는 돈 선거가 한 몫 한 가운데 야권 표의 분산이 원인이었다. 그 뒤 노무현은 제14대 대통령선거 민주당 청년특위 위원장, 물결유세단 단장을 거쳐 1993년 통합민주당 최연소 최고위원이 되었고, 지방자치실무연구소를 열었다.

노무현은 김대중 정부 출범 후 1997년 새정치국민회의 부총재 및 수도권 특별유세단 단장을 역임하고, 1998년 7월 21일에 서울 종로에서 국회의원 재보궐 선거가 실시되자 다시

| 노무현 후보의 정치 홍보물 |

출처 : 노무현 사료관

출마하였다. 당시 이명박 의원의 전직 비서관이 돈 선거 실상을 폭로하는 바람에 이명박 씨는 선거법 위반 혐의로 기소됐고, 당선 무효 확정 판결이 나기 전에 의원직을 사퇴해 버렸다. 서울 종로구 국회의원 보궐선거에 출마한 노무현 후보는 선거결과 국민회의 노무현 후보 2만 6,251표, 한나라당 정인봉 후보 2만 993표를 얻어 쟁쟁한 후보들을 물리치고 당선되었다. 노무현 후보는 13대 국회 이후 6년여 만에 다시 의원 배지를 달았다.

노무현 의원이 초선의원으로 5공화국 청문회의에서 맹활약을 보이는 등 정치인으로 성장해 갈 때 문재인은 부산에 혼자 남아 묵묵히 노동관련 사건 변호에 매달렸다. 이후 노무현은 국회위원으로 활동하고, 문재인은 부산을 지키는 노동인권변호사로 활동하면서 조금 떨어져서 걷게 되었다. 하지만 두 사람은 여전히 한 방향을 향해 걸었다. 문재인은 자신이 잘 할 수 있는 일로 남을 도울 수 있다는 사실에 늘 행복해 하였다.

문재인은 1995년 법무법인 부산을 설립했고, 주로 노동운동이나 노조활동을 지원하는 단체 쪽 일에 집중했다. 일이 너무 많아 힘들었지만 문재인의 삶에서 가장 보람되고 안정된 시기였다. 문재인은 이때가 개인적인 삶과 세상을 향한 의무감이 나름대로 균형을 잘 유지하고 있다는 느낌을 받았

다고 한다. 이때 문재인이 관여하거나 함께 만든 단체들로는 부산 노동문제 연구소, 부산 노동단체협의회, 노동자를 위한 연대 등이 있다.

페스카마호 사건을 변론하다

    문재인은 인권변호사라고 해서 무조건 노동자의 편에서만 변호를 한 것은 아니었다. 문재인은의 성향을 알 수 있는 변론 중 하나는 '페스카마호 사건'의 변호였다. 문재인은 페스카마호 사건을 통해서 내성적이지만, 남의 이목을 받는 것을 두려워하는 성격은 아니라는 것을 알 수 있다.

    페스카마호 사건은 김영삼 문민정부가 들어선 후 IMF가 터지기 전 벌어진 사건이다. 1996년 남태평양 참치잡이 조업에 나간 원양어선에서 벌어진 선상 살인사건이다. 근로자로 승선한 조선족 선원들이 한국인 선원 7명을 포함해 11명을 살해한 충격적인 살인 사건이었다. 조선족 선원들은 선장과 한국인 선원들의 끊임없는 하선 협박과 폭행, 인간 이하의 취급을 받는 것에 불만을 품고 한국인 선원들을 살해한 것이다. 조선족 선원들은 살인을 저지르고 일본으로의 밀항을 시도하다 살아남은 선원들의 '반란 제압'으로 모두 체포되었다.

사건의 원인은 조선족들이 '코리안 드림'을 찾아 한국에 왔다가 한국 선원들로부터 가혹 행위와 폭행 등을 당한 데 앙심을 품고 범행을 저질렀다. 당시 우리나라 언론과 국민들은 우리 국민을 잔인하게 살해한 조선족에 대해서 비난하였으며, 그들의 흉폭 함에 치를 떨었다. 국민들의 여론은 흉악범에게는 법정 최고형을 주어야 한다는 주장이 주를 이루었기 때문에 이런 상황에서 조선족의 변호를 맡는다는 것은 쉬운 일이 아니었다.

결국 조선족은 경제적 여력이 없었기 때문에 국선변호인을 선임하였지만 제대로 된 변론을 받지 못했고, 피의자 전원이 1심에서 사형선고를 받았다. 한국에 있던 조선족 동포들은 자신들의 고향인 한국에서 제대로 된 변호를 받지 못해서 사형선고를 받았다는 소식이 퍼지자 한국 정부나 한국 사회에 대한 강한 불만으로 사회적 분위기가 나빠졌다.

당시 문재인 변호사는 부산변호사회 인권위원장이자 민주사회를 위한 변호사 모임 부산경남 대표를 지내는 등 인권변호사로 일했기 때문에 조선족 동포들의 제대로 된 재판을 받게 해달라는 부탁으로 변론을 시작하였다.

　재판에서 변호인단은 조선족 선원들이 어로 경험이 없어 일이 서툴렀고 당시 일반화돼 있던 선상 폭력이 평등주의가 강한 중국의 사회주의 문화와 달라 멸시와 모욕으로 받아들이면서 사건이 우발적으로 발생했다고 변론했다. 그러나 재판 과정에서 재판부는 이들의 주장을 받아들이지 않았다.

　다음해 4월 2심에서 1명은 사형, 5명은 무기징역을 선고받았다. 이들은 그해 7월 법원의 상고심 기각으로 형이 확정돼 사형수와 무기수로 나뉘어져 전국 각지의 교도소로 흩어져 수감되어 있었다.

　법정에서 사형이 확정됐지만 우리나라가 10년 넘게 사형 집행을 안 해 실질적으로 사형을 집행하지 않아 사형수는 2008년 특별감형으로 무기징역을 살게 돼 결과적으로 변론이 결실을 보게 되었다. 문재인은 재판 이후에도 이들을 돕는 데 앞장서 죄는 무겁지만 사정이 딱하고 그들을 도와줄 사람이나 가족도 없었기 때문에 부산의 인권단체들이 나서 영치금도 조금씩 넣어주고 중국에 있는 가족을 초청해 교도소에서 만날 수 있도록 했다.

페스카마호 사건은 지금도 외국인을 무시하는 상황이 많이 일어나지만, 96년 당시에는 비일비재한 일이었다. 그렇기에 문재인은 페스카마호 사건의 변론을 맡았다는 것만으로 자국민을 살해한 조선족 선원들의 편을 들었다고 민족주의가 강한 국민들에게 공격을 받았다. 그러나 페스카마호 사건에 대한 문재인의 변론은 인간이 극한의 폭력상황에 몰리게 되어 저지르게 된 선상에서의 처참한 살인사건 속에서 그의 인생을 걸고 실천해 온 인간의 고귀함 그것을 결코 외면하지 않았다.

문재인은 조선족, 외국인이라는 인종차별이 만연하던 사회에서 한국인을 살해한 외국인에 대한 변론은 그 누구도 쉽사리 나서질 못했을 것이다. 그러나 문재인은 자신이 걸어온

| 페스카마 15호 |

삶에서 정한 소신대로 주어진 일들을 해나갔다. 누구를 의식하거나 후환을 두려워하기 보다는 사람의 고귀함을 위해 그의 삶 전체를 걸고 매진했다. 이것이 사람들이 문재인을 존경하고, 선택하고, 지지하는 이유가 되었다.

노무현 대통령이 되다(1)

　노무현 의원은 국회의원에 당선된 지 6개월 만에 차기 선거에서 부산 경남에 출마하겠다고 선언한다. 제16대 국회의원선거를 무려 1년이나 앞둔 시점이었다. 노무현 의원을 약속을 지키기 위하여 2000년 16대 국회의원 선거에서는 당선가능성이 높은 자신의 지역구인 종로 지역구를 포기한 채 민주당 후보로서 한나라당의 텃밭인 부산 북·강서을 지역구에서 새천년민주당 후보로 출마하였다. 당시 부산은 민주당에게 정치적 사지(死地)나 다름없었다. 부산 민심은 김영삼 대통령 퇴임 후 정치적 소외감이 팽배해 있었다. 김대중 정부

의 호남 편중인사에 따른 부산 홀대와 부산 경제 죽이기, 낙
후된 지역 발전 등 한나라당의 공세 속에 반(反) 민주당 정
서가 최고조에 달했다. 그런 상황에서 민주당 간판으로 부산
선거에 도전한다는 것은 무모해 보였다.

노무현 후보는 '지역발전'과 '큰 인물론'을 내세웠고, 한나
라당은 '김대중 정권 심판론'을 들고 나왔다. 노무현 후보가
얻은 표는 2만 7,136표(35.7%)로 한나라당 허태열 후보(4만
464표, 53.2%)의 당선이었다. 부산에서만 세 번째 낙선이
었다.

이처럼 노무현은 불의와 타협하지 않고 자신의 이익을 앞
세우지 않고 실패를 두려워하지 않고 도전하였다. 국민들은

| 노무현 후보의 정치 홍보물 |

출처 : 노무현 사료관

그의 선택을 두고 '바보 노무현', '노짱'이라는 별칭으로 불려지게 되었다. 뿐만 아니라 '노무현을 사랑하는 사람들의 모임(약칭 노사모)'이라는 한국 최초의 정치인 팬클럽을 결성하였으며, 이는 향후 그의 정치적 행보에 큰 디딤돌이 되었다.

　문재인은 동료로서 편안한 삶을 버리고 험난한 길을 억지로 가는 노무현이 바보 같아 보였다. 그래서 정치를 당분간 접고 변호사로 돌아올 것을 권유한 적도 있었지만, 일단 정치에 발을 담근 그는 쉽게 빠져나오지 못했다. 정치를 딱 한 번 그만둘 기회가 있었는데, 서울 종로 지역구를 버리고 부산 강서에 출마했을 때였다. 본인 스스로도 이번에 떨어지면 정치 그만 두겠다고 했다. 그는 떨어졌다. 하지만 지역구도에 온몸으로, 줄기차게 맞서는 그의 모습에 감동한 국민들이 움직이기 시작했다.

　노무현 후보는 노사모를 비롯한 전국적인 지지가 몰려들었고 이 힘이 근거가 되어 결국 대통령까지 될 수 있었다. 하지만 결국 대통령이 되어 비극적으로 운명을 달리 하고 보니 문재인은 그때 더 말리지 못한 것이 후회가 되었다고 한다.

노무현 대통령이 되다(2)

노무현은 16대 국회의원 선거에서 낙선 후 새천년민주당 부산 북강서(을) 지구당 위원장을 거쳐 2000년 8월부터 2001년 4월까지 김대중 정부에서 해양수산부장관을 지냈다. 2002년 새천년민주당 상임고문과 최고위원을 거쳐 2002년 초 국민경선제를 통하여 새천년민주당의 제16대 대통령 후보로 선출되었고, 2002년 11월 18일에는 국민통합21의 대통령 후보인 정몽준과 후보 단일화에 합의한 뒤, 국민 여론조사를 거쳐 단일 후보가 되었다. 이후 노무현은 '낡은 정치 청산, 새로운 대한민국 건설, 행정수도의 충청권 이전' 등을 공약으로 내걸고 선거운동을 펼쳐 나갔다.

2002년 대통령선거 과정에서 문재인은 노무현 후보 부산 선거대책위원회의 기획단장을 맡았다. 2002년 11월 2일 당시 새천년민주당 제16대 대선 노무현 후보는 부산국민참여운동본부 발대식에서 이런 연설을 했다.

"그 사람을 제대로 알기 위해서는 그 친구를 보라고 했습니다. 말은 더듬더듬 유창하지 않지만… 제가 아주 존경하는, 나이는 저보다 적은, 아주 믿음직한 문재인이를 제 친구로 둔 것을 정말 자랑스럽게 생각합니다. 나는 대통령감이 됩니다. 나는 문재인을 친구로 두고 있습니다. 제일 좋은 친구를 둔 사람이 제일 좋은 대통령 후보 아니겠습니까." 노 전 대통령은 특히 문 당선인을 소개할 때 "노무현의 친구 문재인이 아니라 문재인의 친구 노무현"이라고도 했다. 당시 노무현 후보의 연설을 들은 청중들은 자신의 자랑보다는 사람 좋은 문재인을 자랑하는 것을 보고 둘 사이의 인연이 얼마나 깊었는지를 깨달았으며, 노무현 후보의 문재인에 대한 각별한 애정에 감동을 받았다.

문재인은 부산에서 노무현 후보를 대통령으로 만들기 위하여 기획단장으로서 노무현 후보의 지지율이 떨어져 있을 때나 선거에 불리한 사건이 발생하거나 해도 항상 차분하고 과묵한 표정으로 상황에 대처하였다. 문재인은 선거 기획단회의를 하게 되면 시간을 끌지 않고 참석자의 의견을 충분히 들은 후에 특유의 카리스마로 신속히 의사결정을 내렸다. 특히 문재인은 어떠한 상황에서도 화를 내거나, 당황하거나, 크게 기뻐하거나 하는 등의 감정의 동요를 거의 드러내지 않고 오직 노무현 후보의 대통령 당선을 위해서 최선을 다했다. 당시 선거 기획단에서 같이 했던 사람들은 문재인의 카리스마와 따뜻하지만 냉철한 판단에 대해서 감동을 받았다.

결국 12월 19일 치러진 대통령선거에서 노무현 후보는 48.91%를 얻어 46.59%를 얻은 한나라당의 이회창 후보를 물리치고 당선되어 2003년 2월 25일 제16대 대통령에 취임하였다.

| 민정수석 시절 고 노무현 대통령과 함께 |

출처 : 노무현 사료관

정무수석으로 임명된 문재인

　노무현은 대통령에 당선되자 문재인에게 민정수석 직을 맡아 달라고 부탁하였지만 문재인은 변호사 업무에 복귀할 뜻을 여러 차례 밝혔다. 그러나 2003년 1월 노무현 대통령이 "당신들이 나를 정치로 나가게 했고 대통령을 만들었으니 책임져야 할 것 아니냐"고 하자 문재인은 더 이상 거절할 수 없었다.

　당시 문재인은 "나는 정치를 잘 모르니 정무적 판단능력이나 역할은 잘 못할 것 같습니다. 그러나 원리원칙을 지켜 나가는 것은 할 수 있지 않겠습니까. 제가 해야 하는 역할을 그렇게 생각하신다면 저를 쓰십시오" 그리고 덧붙여서 말했다. "민정수석으로 끝내겠습니다. 그리고 더 정치하라고 하지 마십시오" 문재인은 노무현 대통령 아래에서 대통령비서실 민정수석비서관을 맡아 청와대 생활이 시작되었다.

청와대 생활은 힘들고 고달팠다. 업무량이 한계용량을 늘 초과하는 느낌이었다. 완벽하게 일을 처리하려는 습관 때문에 언제나 잠이 부족했다. 심지어 치과치료를 받느라 드릴이 어금니를 긁어내고 있는 상황에서도 졸음이 쏟아졌다. 이렇게 무리를 하다 보니 민정수석 1년 만에 이를 열 개나 뽑아야 했다. 결국 문재인은 녹내장과 고혈압 등 건강악화와 함께 치아가 10개나 빠져 임플란트를 하면서 발음이 안 좋아졌다. 결국 청와대에서 근무한지 1년 만에 청와대를 떠나야 했다.

문재인은 민정수석을 그만두고 홀가분한 마음으로 네팔의 히말라야오 트래킹을 떠났다. 문재인이 네팔로 떠나고 나서 2004년 초, 대통령의 선거중립의무 위반과 측근 비리 등에 대한 야당의 사과 요구를 거절하자 야당인 한나라당과 새천년민주당이 탄핵소추안을 국회에 제출하였다. 소수 여당인 열린우리당 의원들의 반대를 저지한 채 국회 본회의에 탄핵소추안을 기습 상정하여 찬성 193, 반대 2로 탄핵소추안을 가결시킴으로써 국무총리 고건이 직무를 대행하였다. 그러나 대한민국 헌정 사상 최초로 대통령 탄핵안이 가결되자 이를 반대하는 국민들의 비난이 빗발치고 전국 각지에서 탄핵 반대 촛불시위가 잇따랐다. 문재인은 연락이 두절된 상황에서 영자신문을 통해 노무현 대통령의 탄핵 소식을 듣고 즉시 귀국하여 변호인단을 꾸렸다.

같은 해 4월 15일 치러진 제17대 국회의원 선거에서 여당인 열린우리당이 과반이 넘는 152석을 차지하는 결과를 낳았다. 또 같은 해 5월 14일 헌법재판소가 탄핵소추안에 대하여 기각 결정을 내림으로써 두 달 만에 대통령직에 복귀하였다. 문재인은 2005년 다시 청와대에 들어가 시민사회수석, 민정수석을 거쳐 참여정부 마지막 비서실장을 지냈다.

청와대 내에서 그의 별명은 '왕수석'이었다고 한다. 수석 중에서도 최고 수석이었고, 나이 어린 직원들에게 반말 한번 쓴 적이 없으며 항상 정중하고 공손했다고 한다. 더 보고 말 것도 없다. 새삼 언급해야 입만 아픈 일이다. 아무리 뒤져봐도 똑같다. 깨끗하고 조용하고 성실하다. 이 이상의 평가도, 이 이하의 평가도 없었다.

비서실장 시절 이해찬 국무총리가 부적절한 관계에 있는 인사들과 내기골프를 쳤다는 소식을 듣고 고심하던 노무현 대통령에게 해임을 촉구하기도 하였으며, 청와대에서 근무하던 시절 모든 직원에게 존댓말을 쓰는 것으로 유명했고, 자신의 주장을 내세우기보다 다양한 의견을 듣고 상황을 명확하게 정리해내는 업무 스타일을 보였다.

민정수석은 국민여론 및 민심동향 파악하고, 공직·사회기강 관련 업무 보좌하며, 법률문제 보좌하고, 민원 업무를 처리한다. 따라서 국민과의 소통을 추구해야 하므로 열린 사람이어야 한다. 그리고 깨끗한 인물을 골라서 추천하고, 부정한 것이 티끌이라도 있어서는 안되는 깨끗한 사람이어야 했다. 그리고 법률문제를 보좌해야 하니 법에도 밝아야 한다. 누구도 쉽게 감당하기 어려운 자리다. 이 자리에, 노무현은 문재인을 임명했다. 문재인은 권력에 관심있기 보다는 정말 노무현 대통령이 외로울까봐 청와대로 왔다. 그리고 그는 자신이 대통령에게 누가 되지 않도록 최선을 다했다.

문재인을 처음만난 사람들은 통상적으로 두 가지 인상으로 말한다. 하나는 그의 표정은 항상 변함이 없다는 것과 친절하다는 것이다. 문재인의 사진을 보면 항상 표정은 엷게 웃거나 무표정으로 일정하다. 문재인은 아무리 다급하거나 어려운 때도 표정이 바뀌지 않았다.

정무수석으로 언론에 등장했을 때나, 노무현 대통령이 탄핵을 받았을 때도, 노무현 대통령의 가족들의 여러 법적인 문제 앞에서도 그는 항상 일관된 모습으로 기자들을 대했다. 표정은 항상 일관되었지만 말하는 것이나 행동하는 것을 보면 항상 친절이 배어났다. 그래서 가지들 사이에서 문재인의

별명은 '친절맨'으로 통했다. 그는 기자들과 대화를 하거나 일을 할 때도 일관된 표정이지만 할 말은 다 하고 아낄 말은 아껴가며 노무현 대통령을 지켰다.

노무현 대통령의 이동에는 항상 수많은 기자들이 따라다녔다. 그리고 카메라에 잡힌 노대통령의 뒤에는 항상 엷게 웃거나 무표정한 문재인이 같이 있었다. 문재인은 자신을 리더형 인물이기 보다는 참모형 인물에 더 맞다고 생각한 적도 있다. 그래서 앞에 나서기 보다는 뒤에서 그림자처럼 항상 묵묵히 서 있는 문재인을 발견하는 것은 어렵지 않았다.

| 엷은 미소를 띠우는 문재인 |

출처 : 온라인 커뮤니티

문재인이 청와대에서 일하는 동안 처리했던 한미 FTA, 북핵 문제, 이라크 파병, 남북정상회담 등에 직접 간접으로 참여를 했기 때문에 세상을 보는 눈을 키울 수 있게 되었다. 그리고 그는 욕심이 없었기 때문에 청와대를 미련없이 떠날 수 있었다.

| 고 노무현 전 대통령과 함께 하는 모습 |

문재인에게 가장 슬펐던 날

 2008년 2월 24일 노무현은 대통령 임기를 마친 뒤 고향인 경상남도 김해시 진영읍 본산리의 봉하마을로 귀향하여 자리를 잡았다. 노무현 전 대통령은 오리농사, 마을청소에 참여하는 등 평범한 전원생활을 하는 한편, '사람 사는 세상'이라는 인터넷 홈페이지를 개설하여 사람들과 소소한 일상을 공유하였다.

 문재인은 퇴임하고 난 이후에는 세상하고 거리두면서 조용하게 살겠다고 생각하여 양산에 둥지를 틀었다. 양산에 둥지를 튼 이유는 청와대 있을 때 건강도 많이 상하기도 했지만, 정신적으로 너무 힘들었기 때문이었다.

양산 들어간 것도 2008년 2월 25일이 노무현 대통령 퇴임하는 날이었다. 참여정부가 끝나고 고향으로 내려오던 날, 문재인은 큰 짐을 어깨에서 내려놓는 듯한 해방감을 느꼈다고한다. 이제 다시 정치뉴스를 보는 일은 없을 것이라 생각했다.

문재인은 "대통령 모시고 봉하 갔다가 귀향행사 끝나고 밤 늦게 양산에 들어갔는데, 어쨌든 그것으로 일단 공적인 사회적 활동은 더 이상 하지 않고 조용하게 살겠다고 생각을 했어요. 그 이후에 일이 뜻대로 되지 않았지요"라며 당시 상황을 설명하였다. "정말로 열심히 했는데 제대로 평가받지 못했고, 아주 가혹한 비난을 받았고, 결국 정권 재창출에 실패하게 됐으니 할 말 없게 됐고, 그래서 그때만 해도 여러 가지 허망하다는 생각도 들었습니다. 그래서 세상하고 조금 거리를 두면서 쉬고 싶었어요. 세상하고 영 그만둘 순 없고 양산 정도 간 거지요."

양산에서의 전원생활에 대해서 문재인은 말했다. "나는 좋지만 처는 서울출신이라서 매우 힘들어 하였다. 우선 적적해하기도 하고 불편하기도 하고 게다가 문재인이 없으면 무섭기도 하고. 마당에 뱀도 있고 방 안에 지네가 들어오기도 했다. 그러나 이제는 많이 적응이 되면서 다른 길이 없다고 체념도 하니까 요즘 많이 좋아졌네요."

그러나 그 평화도 잠시, 이명박 정권의 칼날이 봉하마을을 향하면서 불행이 시작되었다. 퇴임할 때 대통령 재임시의 기록물 복사본을 가지고 귀향한 것과 관련하여 '국가기록물 무단유출'에 대한 수사를 시작으로 검찰에 의하여 측근과 친형, 부인·아들·딸 등이 비리에 연루되었다는 의혹이 연이어 불거지면서 청렴했던 '도덕성'에 상처를 입게 되었다.

2009년 4월 30일 대한민국 전직 대통령으로는 세 번째로 검찰의 소환조사를 받기에 이르렀다. 문재인은 노무현 전 대통령의 검찰의 소환조사까지 다 끝난 상황이어서, 검찰이 어떻게 사건 처리를 할지 예상하면서 대응을 논의하고 있다. 문재인은 구속 가능성은 거의 없다고 예상하면서, 검찰이 체면상 기소 정도 할 것이라고 판단하였다. 그러나 기소해도 법정에서 재판을 통해 충분히 무죄를 받을 수 있을 것이라고 확신을 했다. 노무현 전 대통령도 그런 대응에 대해서 적극적이었기 때문에 특별한 일을 예상하지 못했었다.

결국 노무현 전 대통령은 2009년 5월 23일 대검찰청사로 출석한 지 한 달도 채 되지 않아 "나로 말미암아 여러 사람이 받은 고통이 너무 크다"는 내용의 유서를 컴퓨터에 남기고 사저 뒷산의 부엉이바위에서 투신하여 서거하였다.

문재인은 상주가 되어 장례를 치르느라 마음 놓고 울 시간도 없이 홀로 묘소를 찾는다. 문재인은 깊숙이 고개를 숙였다. 그러고는 너럭바위를 뒤로 한 채 발길을 돌렸다. 둘도 없는 벗이었던 노무현은 세상을 떠났지만, 문재인은 아직 할 일이 많았다. 상주 역할을 해야 했다. 문재인은 노무현 전 대통령 서거일을 "내 생에 가장 긴 하루였다"고 회상했다.

국민들은 노무현 대통령의 서거 소식에 전국이 충격에 빠졌다. 그러나 상주를 맡은 문재인의 말 한마디에 귀 기울였고, 슬픔에 빠져 애통해하던 국민들은 문재인에게 기대어 슬픔과 분노에서 조금씩 벗어날 수 있었다.

문재인은 노무현 전 대통령을 지키지 못했지만 노무현 정신만은 지키기 위해 최선을 다하고 있다. 노무현재단의 이사장직을 맡은 것도, 민주통합당을 만들어낸 것도 자신에게 주어진 운명을 피하지 않았기 때문이다.

운명 같은 노무현 전 대통령을 먼저 보내야 했던 그 새벽 문재인은 목 놓아 울 수도 없었다. 문재인은 노무현 전 대통령과의 관계라든지 참여정부에서 자신이 했던 역할 때문에 노무현 재단 이사장도 맡았다. 문재인은 노무현 재단 이사장으로서 노무현 대통령 기념사업이 계속 발전해 나가도록 분명하게 토대를 구축하려는 노력과 참여정부 5년에 대해서 뭔가 꼼꼼하게 기록하려고 노력하고 있다.

정계에 입문하다

　2015년 5월 문재인은『문재인의 운명』을 출간하다였다. 당시 '노무현 재단' 이사장이었던 노무현은 노무현 전 대통령 서거 2주기를 맞아 노무현 전 대통령과 참여정부 비사를 비롯한 30년 동행의 발자취를 상세히 기록하여 발간한 책이다. 저자가 처음 노무현 변호사를 만나 함께 노동·인권변호사로 활동하던 시기부터 서거 이후 지금까지의 30여년 세월 동안의 인연과 그 이면의 이야기를 상세히 기록하고 있다. 책의 내용은 '만남' '인생' '동행' '운명' 총 4장으로 나누어 노무현 전 대통령과의 정치적 파트너이자 친구로서 그들의 모습을 살펴볼 수 있다. 문재인은 이 책에서 노무현 전 대통령에게 '당신은 운명에서 해방됐지만, 나는 당신이 남긴 숙제에서 꼼짝하지 못하게 됐다', '그는 내 삶을 굉장히 많이 규정했다. 그를 만나지 않았다면 나의 삶은 전혀 달랐을 것이다. 그런 점에서 운명이다'라고 하였으며, 노무현 전 대통령과의 만남을 운명으로 받아들였다.

2011년 6월 문재인은『문재인의 운명』을 출간하면서 운명처럼 정치에 입문하였다. 노무현 전 대통령의 영결식에서 보여준 문재인의 절제력과 자제력은 그를 부각시켰고, 범야권에선 "직접 선수로 나서 달라"며 제안을 받게 되었다. 문재

| 문재인의 운명 |

인은 국민의 호출에 의해 자신에게 부여된 '숙명'을 운명으로 받아 들여 '노무현의 그림자'를 좇아 정치에 입문하게 되었다. 같은 해 9월 "민주진보 연합정당으로 정권교체와 새로운 대한민국을 건설하자"는 목표 아래 발족한 '혁신과 통합'의 공동 상임대표를 맡아 야권 통합을 추진하였고, 민주당·한국노총과 통합하여 창당한 민주통합당에 상임 고문으로 참여하였다.

문재인이 노무현 전 대통령의 영결식에서 보여준 의연하면서도 자제력있는 모습이 언론과 인터넷 팟캐스트 등을 통해 알려지면서 지지자들이 급속도로 퍼져갔다. 2011년 8월 언론사 여론 조사에서 '당신이 원하는 국회의원' 부문에서 지지율 1위를 차지했다. 대중의 전폭적인 지지를 등에 업은 그는 총선 출마 요구를 수용해 2012년 4월 11일 대한민국 제19대 총선에서 부산 사상구에 출마하였다. 당시 사상구는 새누리당의 텃밭으로 '박근혜 아바타'로 불리던 손수조 새누리당 후보가 경쟁자였다. 문재인 후보가 얻은 표는 6만 1,268표(54.7%)로 새누리당 손수조 후보(4만 9,596표, 43.3%)를 이기고 당선하였다. 문재인은 처음으로 국회의원에 당선되었다.

문재인은 제19대 국회의원 총선거에 출마하여 부산광역시 사상구에서 당선된 뒤 같은 해 6월 대통령선거 출마를 선언하였다. 문재인 의원은 "사상이 시작"이라며 국회의원에 멈추지 않고 더 큰 정치를 하겠다고 했다. 일부에서는 문재인 후보를 '등 떠밀려' 정치를 시작하다 보니 "권력 의지가 약하다"는 평을 하기도 했다. 문재인은 소신을 가지고 자신의 목표를 향하여 나아갔다.

문재인은 리더가 꼭 갖추어야할 정신으로 소신을 들었다. 소신이란 所(바소)+信(믿을 신) 굳게 믿는 바 또는 생각하는 바로 자신이 "굳게 믿는 생각"을 말합니다. 소신은 자신의 신념과 가치로부터 나오는 생각으로 실제 행동과 일치해야 가치를 가진다. 소신을 가진 사람은 상황과 장소에 따라 그 모습이 다르지 않으나, 소신이 없는 사람은 다른 사람에게 유리한 모습만 보이려고 한다.

문재인은 자신이 이전에 했던 결정들을 돌아보고 대통령이 되어야겠다는 소신을 세우고 그쪽 방향으로만 걸어갔다. 바른 소신이란 문재인처럼 사회의 정의가 요구하는 옳은 '원칙'을 세우고 지켜야 의미가 있다. 바른 소신을 거지지 못한 채, 일관성 있게 행동하는 것은 잘못하면 고집이 되어버리기도 한다. 소신을 갖고 있으면 굳이 과거를 돌아보지 않고 정해진 원칙만 향해서 걸어가기만 하면 그 자체가 일관성이 된다.

18대 대통령 선거에서
낙마하다

문재인은 2012년 6월 17일 서대문 독립공원에서 "보통 사람이 중심 된 정의로운 나라를 만들겠다"라고 하며 대선 출마를 공식 선언했다. 슬로건은 "사람이 먼저다", 캠프명은 "담쟁이 캠프"로 정해졌다.

민주통합당은 대통령 후보 선출을 위한 경선에 6인 이상이 도전할 경우 예비전 성격의 '컷오프'를 실시하기로 했다. 컷오프는 여론조사 방식으로 진행하고 당원 여론 30%와 시민 여론 70%를 반영하기로 했다. 민주통합당에서 대선출마를 공식 선언한 문재인, 손학규, 정세균 상임고문과 조경태 의원, 박준영 전남도지사, 김두관 경남지사, 김영환 의원, 김정길 의원 등 8명이 참여하여 경선 컷오프 결과 손학규, 문재인, 박준영, 김두관, 정세균 후보 등 5명이 예비경선을 통과했다.

민주통합당에서는 헌정 사상 처음으로 2012년 8월 25일부터 9월 16일까지 '완전국민경선제도'를 도입해 열린 모든 국민이 경선현장 투표나 모바일 투표를 통해 참여할 수 있도록 하였다. 문재인은 손학규, 김두관, 정세균과 겨루어 전국순회경선 13회 전승을 거두며 민주통합당의 제18대 대통령 선거 후보로 선출되었다. 2012년 11월 18일 2기 지도부 이해찬 민주통합당 대표 등 최고위원 전원이 정권교체와 야권단일화를 위해 총사퇴를 결의했다. 당 지도부 공백에 따른, 후임 지도체제는 문재인 후보가 당 대표권한 대행까지 겸임하는 것으로 결정됐다.

문재인 후보는 정권 교체를 위하여 본격적인 활동을 시작하였다. 당시 TV출연과 지방대에서 청춘콘서트를 열어 젊은 이들의 인기를 얻은 안철수와 후보 단일화를 하였다. 그러나 단일화 과정에서 서로의 의견 차이를 둘러싸고 문제가 발생하자 11월 23일 안철수가 갑자기 대선 후보직을 사퇴하였다. 진보정의당의 심상정 대선 후보는 대선 후보 등록을 앞두고 문재인 지지를 선언하며 대선 후보직을 사퇴하였다. 그리고 김영삼 전 대통령의 상도동계인 김현철, 김덕룡, 문정수의 지지를 받았으며, 대선 후보로 출마하였던 문국현, 박찬종의 지지를 받았으며, 김영삼의 문재인의 대학 선배이며 국회의원이었던 강삼재도 문재인 후보에 대한 지지를 선언하였다.

문재인 후보는 대선 출마 연설에서 김대중, 노무현 정부의 6·15 공동선언, 10·4 공동선언에 기초해 대북 포용 정책을 계승, 발전시키겠다고 밝혔다. 그리고 "대북정책을 남북 간 화해를 열어 새 비전과 성장동력을 찾는 측면에서 생각해야 한다. 기존 남북합의서, 6·15 공동선언 등을 이행하고, 개성공단과 서해평화협력지대 설치 등을 재개 하겠다. 그리고 남북관계 개선, 평화체제 구축, 북핵 문제를 함께 추진하겠다"고 의지도 밝혔다. 반면에 박근혜 후보는 '선북핵문제 해결, 남북교류 재개'를 주장하여 차이를 보였다.

2012년 12월 문재인 후보는 새누리당 박근혜 후보와 통합진보당 이정희 후보와 함께 TV토론에 참석했다. 문재인 후보는 국가정보원에서 자신을 비방하는 여론조작을 벌였지만, 박근혜 후보는 여직원을 감금한 사건으로 몰아 민주당에게 나쁜 여론을 만들었다. 토론이 끝난 직 후 오후 11시 서울지방경찰청은 댓글 공작 증거가 발견되지 않았다고 발표했다. 이 발표를 통해 국민들은 박근혜 측은 문제가 없으며, 문

재인 측이 문제가 있는 것으로 인식하여 선거에 영양을 받게 된다. 그러나 박근혜 전 대통형이 탄핵되고 나서 국정원 감사 중에 국정원이 댓글 조작에 조직적으로 참여 하였고, 경찰의 발표는 국정원의 지시로 조작한 것으로 밝혀졌다.

 2012년 12월 19일 19대 대선 투표 결과 문재인은 14,692,632표(48.0%)를 득표했지만 박근혜 후보에게 약 100만 표 차이로 패배하였다. 선거 과정에서 부정선거 및 권력 기관의 개입 등 많은 문제가 있었지만 다음날 문재인은

| 18대 대선 TV토론에 나온 박근혜, 이정희, 문재인 후보 |

깨끗하게 패배를 승복하는 기자회견을 열어 다음과 같이 말했다.

국민 여러분 죄송합니다. 최선을 다했지만 저의 역부족이었습니다. 정권교체와 새정치를 바라는 국민들의 열망을 이루지 못했습니다. 국민과의 약속을 지키지 못하게 됐습니다. 모든 것은 다 저의 부족함 때문입니다. 지지해주신 국민들께 머리 숙여 사과드립니다. 선거를 도왔던 캠프 관계자들과 당원 동지들 그리고 전국의 자원봉사자들에게도 깊은 위로를 전합니다. 패배를 인정합니다. 하지만 저의 실패이지 새정치를 바라는 모든 분들의 실패가 아닙니다. 박근혜 후보에게 축하의 인사를 드립니다. 박근혜 당선인께서 국민 통합과 상생의 정치를 펴 주실 것을 기대합니다. 나라를 잘 이끌어 주시길 부탁드립니다. 국민들께서도 이제 박 당선인을 많이 성원해 주시길 바랍니다. 거듭 죄송합니다. 그리고 감사합니다.

▶ 잘못된 선거로 인해 당선된 박근혜 전 대통령은 결국 최순실 국정농단 사건으로 인해 탄핵되었고, 구속되어 재판을 받고 있다. 작폐 청산의 일환으로 국정원과 기무사에 대한 진실을 조사하는 과정에서 국정원과 기무사 등이 중심이 되어 댓글을 달아서 정치에 개입했다는 정황들이 나오면서 이명박 정권 하에서 정부가 정치적 중립 의무를 어기고 적극적으로 개

입했다는 증거들이 계속 나오고 있다. 이로 인해 박근혜 정부의 국정농단으로 인해 국민들은 도탄에 빠지고 촛불집회를 열어 정권 퇴진을 이끌어 냈다. 19대 대선에서 공정하게 선거를 치루었다면 국민들은 4년 동안 고생하지 않았을 것이다.

숨 가쁘게 진행된 20대 총선

2015년 2월 8일 서울시 올림픽체조경기장에서 열린 새
정치민주연합 전당대회서 문재인 의원이 당대표로 선출됐
다. 주변에서 "대선을 앞두고 흠집 잡힐 게 뻔하다"며 출마
를 말렸지만, 문 당선인은 "이대로 가만히 있으면 나는 아무
것도 못 하고 녹아버린다"며 출마를 강행해 당선됐다. 문재
인 후보는 전국대의원대회 대표경선에서 2위 박지원 후보
(41.78%)를 접전 끝에 물리치고 45.30%로 1위를 차지하여
새정치민주연합 당대표로 선출되었다. 최고위원 경선에서는
주승용, 정청래, 전병헌, 오영식, 유승희 후보가 뽑혔다. 문

재인 후보는 당대표 수락 연설에서 "민주주의와 서민경제, 계속 파탄낸다면 박근혜 정부와 전면전을 시작할 것"이라고 말했다. 문재인이 당대표가 된 후 비주류와 호남 기득권들은 문재인 대표의 사퇴를 요구하면서 당 내분 사태에 이르게 되지만 이때 문재인은 흔들리지 않고 끝까지 버티면서 당의 개혁을 주도했다. 당 대표직을 수행하면서 그는 노무현의 그림자에서 벗어나 '정치인 문재인'으로 홀로 섰다.

결국 2015년 12월 13일, 중도세력을 표방한 정당 창당을 선언하고 안철수 의원의 새정치민주연합에서 탈당하였다. 이때 문재인 대표의 퇴진을 요구하던 새정치민주연합 김한길, 김영환 의원 등의 비주류 세력이 대거 탈당하였으며, 이후 주승용, 장병완, 권은희 의원 등의 호남향우회, 동교동계 등 호남 주축 세력들의 탈당하였다. 탈당의 이유로 새정치민주연합에 대한 호남의 지지율 하락, 친노 인사들의 패권주의 등을 들었다. 새정치민주연합은 총선을 앞두고 큰 혼란이 발생했고 새정치민주연합의 당원들은 충격에 빠졌다. 새정치민주연합을 탈당한 대다수 의원들은 안철수 의원이 주축으로 추진한 국민의당으로 입당하였고, 호남권 세력은 천정배 의원이 이끄는 국민회의, 박주선 의원의 통합신당 등의 정당으로 입당하였다. 조경태 의원은 더민주가 야당의 역할을 제대로 못한 것을 이유로 새누리당에 입당하였으며, 호남 세력의 주축인 박지원 의원도 통합의 밀알이 되겠다는 이유로 탈당하였다.

이에 문재인 대표는 혼란을 줄이고 반전을 만들기 위하여 2015년 12월 28일 지지도가 점점 하락하는 '새정치민주연합'의 당명을 '더불어민주당'으로 바꾸고 표창원 전 교수와 파격적인 영입을 단행하였다. 당명의 변경은 안철수 탈당으로 말미암아 새정치민주연합이 "새정치"를 지움으로서 안철수의 흔적을 지웠다는 평가가 있으며, 당명이 새정치민주연합으로 바뀐지 1년 6개월 만에 "민주당"이라는 이름을 되찾았다는 평가도 있었다. 또한, 당명 개정 업무를 총괄한 손혜원 홍보위원장은 이날 기자회견을 통해 당명이 "더불어라는 말이 앞에 있어서 국민 민주주의 여러 가지와 연결할 수 있는 장점이 있다"라며 새로운 당명의 장점을 설명하였다.

2016년 1월 14일에는 문재인 대표는 조기 선대위 체제로 전환해 분당 사태로 비화된 당 내분을 돌파해 반전의 발판을 마련한다는 계획으로 '박근혜 대선 브레인' 김종인을 더불어민주당 선대위원장으로 전격 영입하였다. 선대위원장은 선거대책위원장의 약자로 말 그대로 더불어민주당의 선거를 기획하고 선거전략을 수립하고 선거를 지휘하여 당의 선거에서 결정적인 승리를 가져올 역할을 하는 사람이다. 김종인 전 의원은 지난 대선 당시 박근혜 대통령의 경제 브레인으로 활약하며 핵심공약인 경제민주화를 내걸은 인물이다. 그러나 이후 박근혜 정부의 경제정책 기조가 '경기부양'쪽으로 기울자 새누리당을 탈당하였다. 이에 대해 당시 새누리당 인사들은 주요당직자회의에서 김 위원장을 언급하며 "때만 되면 이 당, 저 당 돌아다니면서 역대 정권에서 부귀영화 누렸는데 늦게까지 이렇게 하는 것은 인간의 모습이 아니다"라고 강한 어조로 비판했다. 문재인 대표는 총선 관련 권한을 선대위로 넘기며 사실상 2선으로 후퇴하였다. 이때 문재인 대표는 선대위가 안정되는 대로 야권 대통합을 위한 실현을 위해 대표직을 내려놓겠다고 하였다. 또한 당내에서 김종인 선대위원장의 박근혜 공신 이력에 반발을 우려해 당원들의 동요가 생기지 않도록 선대위원장을 결정에 따르고 도우라고 하였다.

2016년 1월 22일 선대위가 안정적으로 유지되는 것을 보고 문재인 대표는 모든 권한을 김종인 선대위원장에게 이양하고 총선의 승리를 위해 백의종군하겠다는 말을 남기고 대표직을 사퇴하였다. 문재인 대표의 퇴진으로 전권을 쥔 김종인 선대위원장은 비상대책위원회 대표로 취임 후 친노(친

노무현) 패권주의 청산과 86운동권 문화 청산을 강조했다. 이러한 결과는 민주당 공천 발표에서 컷오프 대상자로 문희상·이해찬·유인태·노영민·강기정·전병헌·오명식·강동원·정청래 등 친노·운동권 인사들과 친문계열 인사들까지 공천에서 배제되었다. 이로 인해 공천 탄압이라는 여론이 형성되어 당내 반발이 심했으며, 이해찬 의원을 비롯한 일부 의원들이 김종인 대표의 공천에 반발하여 더불어민주당을 탈당하여 무소속으로 출마를 하였다.

더불어민주당은 새로운 인재들을 영입하여 공천을 확정하고 총선체제로 전환하여 선거운동에 돌입하였다. 그러나 20대 총선은 더불어민주당은 호남계 의원들이 탈당하여 만든 국민의 당 후보들과 혈전을 치루었으며, 더불어민주당의 컷오프로 인해 공천이 배제된 의원들이 탈당하여 무소속으로 출마하는 사태가 생기면서 더불어민주당에게는 결과가 나쁠 것으로 예측되었다. 불행한 소식은 여기서 끝나지 않고 여론조사에서도 더불어민주당이 참패할 것이라는 예측이 나왔다. 당시 여론조사를 종합해보면 새누리당은 130~150석, 더불어민주당은 80~120석, 국민의당은 20~40석, 정의당 10석 이내의 의석을 확보할 것으로 예상됐다. 새누리당의 압승이 예상되었다.

20대 총선에서 선출되는 국회의원 정수는 19대 총선과 같은 300명(지역구 253명, 비례대표 47명)으로, 19대 총선에 비해 지역구 국회의원 수는 7명이 늘고 비례대표 국회의원 수는 7명이 줄었다. 공식 선거운동 기간은 2016년 3월 31일 0시부터 4월 12일 24시까지였다. 후보자들은 공개된 장소에서 확성장치를 이용한 유세 연설, 문자메시지 등 여러 가지 방식으로 선거운동을 할 수 있다. 단, 휴대용 확성장치는 오전 6시부터 오후 11시까지로 제한하는 등 방법에 따라 시간의 제한이 있다.

　2017년 4월 13일 20대 총선 투표가 끝난 후 개표 결과는 의외의 반전이 있었다. 더불어민주당은 수도권에서 서울 49석 중 35석, 경기 60석 중 40석, 인천 13석 중 7석을 석권해 123석으로 새누리당을 제치고 제1당으로 올라섰다. 새누리당은 원내 과반수를 노렸으나 122석을 확보하는데 그쳐, 제2당으로 주저앉았다. 새누리당의 전통적 지지 지역인 서울 강남3구에서도 8석 중 3석을 빼앗겼고, 경기 성남 분당구 2군데도 모두 더불어민주당에게 패배했다. 특히 최악이었던 것은, 서울에서 12석을 차지했는데 그쳤다. 국민의당은 호남 23석, 서울 2석을 얻어 25석을 확보하였으며, 비례대표에서 13석을 얻어 38석을 기록했다 정의당은 당초 10석 이상을 목표로 설정했으나, 당의 대표 선수라고 할 수 있는 노회찬 의원, 심상정 의원이 각각 당선된 지역구 2석과 비례대표 4석 당선에 그쳤다. 온갖 역경과 고난을 딛고 더불어 민주당이 제 1당이 되었다.

2016년 8월 27일 열린 더불어민주당 전당대회에서 이른바 친문(문재인과 친한 사람들) 후보들이 대표와 최고위원에 대거 당선되면서 더불어민주당은 '친문당'이라는 별명을 얻게 됐다. 친문 후보(추미애, 김상곤) 2명과 비문 후보(이종걸) 1명이 출마해 친문 입장에서는 다소 불리한 구도였다. 그러나 친문 추미애 대표가 압도적인 승리를 거둠으로서 문재인 대선 가도에 탄력이 붙게 되었다.

| 더불어민주당 대선 결과 |

출처 : 더불어민주당 홈페이지

문재인의
절묘한 인재 영입과 경선 승리

2015년 12월 13일 당시 새정치민주연합 문재인 대표는 안철수, 박지원 등 비문 의원들의 대거 탈당함으로 인해서 국민들은 상당한 정치적 타격을 입을 것으로 예상됐다. 그러나 위기는 기회되었다. 문재인 대표는 새정치민주연합의 정체된 분위기를 쇄신하고, 국민들의 지지도를 높이기 위하여 새로운 인재를 등용하기 위하여 '1일 1명 인재 영입'이라는 정치적 이벤트를 시작하였다.

문재인이 영입리스트를 처음 만든 시기는 2015년 2월 당대표에 당선된 후이며 만든 이유로는 기존의 친노나 주류들만으로는 총선과 대선에서 한계가 있음을 정확하게 인지했기 때문인듯 하다. 더불어민주당으로 당명을 개정한 이후 인재영입은 본격적으로 이루어졌다. 문재인의 영입리스트에는 각계 인사 1000여명을 인선하였는데 되도록 정치계를 제한하고 법조계, 학계, 안보계, 문화계, 연예계, 스포츠계 등 다양한 인물을 인선하여 참신함과 다양함이 돋보이는 인사라는 평가를 받았다.

문재인의 영입인사 중에는 영입인사 1호인 표창원 전 경찰대 교수를 시작으로, 3000억대 재산을 가진 김병관 웹젠 이사회 의장, 이수혁 전 6자 회담 초대 수석대표 오기형, 청년 디자이너 김빈, 고졸 출신의 대기업 상무가 된 양향자, 국민적 영웅인 피겨스케이팅 선수 김연아, 축구감독 차범근, 재정 전문가 김정우 교수, 한국안보통일연구원장 하정열, 전 판사 박희승, 전 포스크 경영연구소 유영민 등 정치가가 아닌 신선한 정치 신인들로 구성하였다.

문재인 대표의 영입인사가 발표될 때마다 포털사이트에서는 이들의 이름이 검색 상위권에 올랐으며, 국민들은 신선함을 느꼈다. 결국 문재인 대표의 새로운 인재 영입을 통하여 더불어민주당에 새로운 피를 수혈하여 국회에서 제1당으로 만드는 역할을 톡톡히 하였다. 뿐만아니라 참신한 인재 영입은 전현직 의원들과 지자체장들의 탈당으로 생기는 당내 불

안감을 안정시켰다는 높은 평가를 받았다. 특히 문재인 대표가 영입한 인재들 중에서 김병관·김병기·김정우·박주민·손혜원·문미옥·조응천·표창원 등 상당수가 지역구 국회의원으로 국회에 입성하여 초선 의원 임에도 불구하고 더불어민주당의 가치를 높이고, 문재인의 인물로서 활약하였다. 이들 가운데는 대선 선거 기간 동안 자신들의 대중적인 인지도를 적극 활용하여 유세 현장에서 사회를 보거나 연설을 통해 문재인을 대통령으로 만드는데 큰 기여를 하였다.

문재인 대표는 인재 영입이 어느 정도 이루어지면서 선대위원장으로 영입한 김종인 비상대책위원회의 원활한 활동을 위하여 최고위원들과 함께 2선으로 물러나는 용단을 내렸다. 그동안 문재인 대표가 맡아왔던 인재영입위원장 자리는 새정치민주연합의 혁신위원회를 이끌었던 김상곤 전 경기도 교육감이 맡게 되었다.

문재인 후보는 대통령 선거에서 승리하기 위하여 다시 인재 영입을 단행하였다. 문재인 후보는 대선에서 승리하기 위해서는 먼저 더불어민주당 대통령 경선에서 당선되어야 했다. 당시 더불어민주당 대통령 경선에는 문재인 후보를 비롯하여 안희정 충남지사, 이재명 성남시장, 최성 고양시장이 출마하여 각축전을 벌였다. 문재인 후보는 선거 캠프 구성

단계부터 당내에서 견제하려는 친노·친문 직계들의 참여를 최소화하였다.

문재인 후보는 대선에서 승리하기 위하여 먼저 박원순의 사람으로 알려졌던 임종석 전 서울시 정무부시장을 영입해 상황실장직을 맡겼다. 또한 자신의 정적이었던 박근혜 전 대통령의 경제교사였던 김광두 국가미래연구원장을 영입했고, 눈에 띄는 대선 캠프 인재 영입은 고민정 전 KBS 아나운서와 국민 치어리더로 불리는 박기량이었다. 캠프 총괄선대본부장은 비문재인계인 송영길 의원(전남 고흥 출신)을 임명하였으며, 공동선대위원장에는 감사원장과 경제부총리 등을 역임한 전윤철 전 감사원장, 4선의 김진표 의원, 5선 이미경 의원, 김상곤 전 경기교육감 등을 임명했다. 더문캠은 비서실, 종합상황실 등 2실 7본부 체제로 구성하였다.

문재인 후보를 돕는 외곽조직으로는 1000여명의 전문가가 함께하는 싱크탱크 '정책공간 국민성장'이 대표적이었다. '정책공간 국민성장'은 참여정부시절 대통령비서실 경제보좌관 및 주영대사를 지낸 중도 성향의 경제학자 조윤제 서강대 교수가 소장을 맡았으며, 김현철 서울대 국제대학원 교수가 추진단장을 맡은 전문가 집단이다.

또한 문재인 후보는 정권교체에 도움을 줄 참여정부·국민의정부 시절 장·차관 출신 60여명으로 구성된 자문단 '10년의 힘'도 만들었다. 참여정부와 국민의정부 당시 통일부 장관을 역임한 정세현 전 원광대 총장과 이영탁 참여정부 국무조정실장이 공동위원장을 맡고, 윤덕홍 전 교육부총리가 상임고문으로 활동한다. 이와 함께 전직 외교관 20여명이 참여한 외교자문단 '국민아그레망'도 대선 캠프에 한 몫을 하였다. 이외에도 국정자문단으로 '새로운 대한민국 위원회'를 신설해 대표적 보수학자 김광두 국가미래연구원장과 재벌개혁 전도사인 김상조 경제개혁연대 소장, 김호기 연세대 교수를 영입했다. 그리고 각 분야 전문가 지지모임인 '더불어포럼'도 운영하였다.

문재인 후보는 치열한 경선과정을 거치며 2017년 4월 3일 과반이 넘는 종합득표율 57%를 넘어 안희정 충남지사(21.5%), 이재명 성남시장(21.2%), 최성 고양시장(0.3%)를 모두 압도하는 승리를 거뒀다. 문재인 후보는 더불어민주당 경선을 통해 제19대 대통령후보자로 확정됐다. 문재인 후보는 이 자리에서 "존경하는 국민 여러분, 당원 동지 여러분. 오늘 우리에게 승자와 패자는 없다. 승자가 있다면 그건 촛불을 밝혔던 우리 국민들이다. 국민 주권시대를 요구하는 온 국민의 승리다. 역사는 명령한다. 국민도 명령한다. 국민이 집권해야 정권 교체다. 국민의 삶이 달라져야 새로운 대한민국이다. 시대를 바꿔라. 정치를 바꿔라. 경제를 바꿔라. 그

| 더불어민주당 경선 후보 |

명령을 받들어 국민 대통령 시대를 열겠다"고 각오를 밝혔다.

정권교체를 위한 탕평 인선

    문재인 후보는 2012년 대선에서도 당시 안철수 무소속 후보와의 단일화를 했는데도 불구하고 국민들의 지지율이 오르지 않자, 자신의 최측근인 친노·친문 인사였던 9인(양정철, 이호철, 전해철, 정태호, 소문상, 윤건영, 윤후덕, 김용익)을 퇴진시키는 고통의 받아들이고 대선 캠프의 문호를 널리 개방하는 모습을 보였다. 뿐만아니라 당시 당내 경선에 나서면서 "당의 후보가 되면 모든 계파를 녹인 '용광로 선대위'를 만들겠다. 시민사회도 함께 아우르겠다"고 출사표를 던진 적이 있다.

문재인 후보는 더불어민주당 대통령 후보로 선출되고 나서는 2017년 대선 승리를 위해서 준비 초기 단계부터 계파나 출신을 정하지 않고 다양한 범위에서 인선하겠다고 하였다. 이를 위하여 문재인 후보는 2017년 4월 7일 공동선대위원장에 이해찬, 이석현, 박병석, 박영선, 이종걸, 김부겸, 김성곤, 우상호 의원과 김효석 전 의원, 권인숙 명지대 교수, 이다혜 프로바둑기사를 임명했다. 당시 박영선 의원은 경선 최대 경쟁자였던 안희정 충남지사의 의원멘토 단장이었던 박영선 의원을 합류시켜 통합정부추진위원장직을 맡겼다. 대선에서 임종석 신임 비서실장, 송영길 총괄선대본부장, 김부겸 공동선대위원장, 박영선·이종걸 공동선대위원장 등 비문의 합류는 문재인 후보에게 천군만마와 같은 역할을 하였다.

　문재인 캠프에 합류한 인물들 중 친문재인계로 불리는 인사들도 대거 참여를 하였다. 대선 캠프에 참여한 친문재인계 인사로는 노무현 전 대통령 마지막 비서관이었던 더불어민주당 김경수 의원, 민정수석 출신 전해철 의원, 국무총리 출신 이해찬 의원, 참여정부 시절 국무총리 비서관을 지낸 홍영표 의원, 참여정부 청와대 법무비서관 출신 박범계 의원, 김홍걸 국민통합위원장과 양향자 최고위원 등을 꼽을 수 있다.

　김경수 의원은 2912년 대선에 이어 경선 캠프 전까지는 문재인 후보의 대변인으로 활동하였으며, 대선 캠프가 만들어진 후에는 수행팀장으로 그림자처럼 따라다녔다. 김경수 의원은 문재인 후보의 의중을 가장 세심하게 읽는 인물로 문재인이 대통령에 당선되고 나서는 대통령을 보좌하며 청와대 대변인을 맡았다.

전해철 의원은 참여정부 5년 중 3년을 민정비서관과 민정수석으로 보냈으며, 공동선대위원장으로 경기 지역 선거를 책임지고, 추미애 대표 등 당 인사들과의 연결고리 역할을 하면서 선거전략 수립에 깊이 관여했다. 이해찬 의원은 20대 총선에서 공천에서 컷오프가 되면서 탈당까지 했지만 문재인은 공동선대위원장으로 임명하였다. 이해찬 의원은 문재인 후보를 전국 유세를 다니며 지원유세를 하고, 충남지역의 표를 모으는데 기여를 하였다. 홍영표 의원은 참여정부 시절 국무총리 비서관을 지낸 인연으로 선대위 일자리위원장에 임명되어 문재인 후보의 1번 공약인 '81만개 공공일자리' 공약 마련에 참여했다. 박범계 의원은 참여정부 청와대 법무비서관 출신으로 대선 캠프 종합상황본부 2실장으로 안철수 국민의당 후보 검증 작업을 수행했다.

문재인 후보는 20대 대선에서 참패를 당했던 호남지역에서 반문재인 여론을 잠재우고 지지율을 만회하기 위해서 김홍걸 국민통합위원장과 양향자 최고위원을 최대한 활용했다. 김홍걸 위원장은 호남에서 문재인을 지지세력을 만들어

내기 위해 동분서주하였으며, 문재인 후보의 유세 현장에서 지원유세를 하였다. 선거 막판에는 문재인 후보의 안보 불안 이미지가 많은 것을 인식하여 아덴만 영웅 황기철 전 해군참모총장 영입을 성사시켜 안보 불안 이미지를 불식시키는데 노력했다. 양형자 최고위원은 호남을 누비며 문 대통령 지지를 호소했다. 결국 문 대통령은 대선에서 광주 61.4%, 전북 64.8%, 전남 59.8%의 득표율을 기록하며 호남의 지지를 끌어냈다.

그러나 모두 문재인에 대한 감정이 좋았던 것은 아니다. 오히려 불편한 관계에 있던 인사들을 영입하여 자신의 사람으로 만드는 리더십을 보여주어서 문재인을 다시 보게 하는 계기가 되었다.

임종석 실장은 2012년 총선 직전 정치자금법 위반 혐의로 재판을 받고 있을 때 문재인 당시 상임고문은 한명숙 당시 대표에게 공천을 철회하라고 요구했고 결국 임 사무총장은 사퇴한 악좋지 않은 인연이 있었다. 임종석 실장은 무죄판결을 받은 후 박원순 서울시장의 요청에 따라 서울시 정무 부시장직을 수행하고 있었는데 문재인 후보는 그의 정무적 감각을 높이 평가하여 삼고초려로 문재인 캠프에 합류시켰다. 박영선 의원의 경우에는 최근 수년간 '친문 패권'을 내세워 문 대통령에게 날선 비판을 서슴지 않았다. 그리고 경선 이

후에 탈당설까지 제기되었기 때문에 박영선 의원의 마음을 돌리기 위하여 삼고초려를 하여 겨우 마음을 돌려 공동선대위원장 직을 수락하게 했다는 후문도 있었다. 후 박 의원은 본선에서 당내 통합에 앞장서며 현장유세에서 적극적으로 참여해 유권자들의 호응을 얻어 내는데 큰 기여를 하였다. 그리고 이재명 성남시장 측에서 선거운동을 벌인 이종걸 의원 역시 공동선대위원장으로 임명했다.

이외에도 수많은 인물들이 문재인 캠프에서 묵묵히 최선을 다해 대선에서 문재인 후보가 승리하도록 도움을 주었다. 한마디로 문재인의 대선 캠프 인선은 중도·진보·보수를 가리지 않고 친문·반문·친노·반노를 구분하지 않고 어느 쪽

| 선거 유세 중의 문재인 |

출처 : 더불어민주당 홈페이지

에서 치우치지 않은 탕평인사로 알려져 있다.

　문재인 후보의 대선을 위한 캠프에서 영입한 인물들을 분석해보면 자신에게 가까운 친노·친문은 되도록 멀리하고, 자신의 정적이거나 경쟁자의 참모들과 심지어는 비문(비문재인)으로 자신을 공격하던 사람들을 대거 기용하면서 전혀 예측하지 못했던 문재인의 인선에 대한 통큰 인선 철학을 볼 수 있었다.

역대 최다 표차 당선된
문재인 대통령

　우리나라의 대통령선거는 1948년 정부수립이후 총 9번의 헌법 개정을 거치는 동안 직선제와 간선제를 오가면서 지금의 직선제에 이르렀다. 제1공화국에서는 제헌헌법에서 채택된 간선제로 초대대통령을 뽑고, 2~4대까지 직선제로 이승만을 대통령으로 뽑았다. 제2공화국은 간선제를 실시하여 윤보선이 대통령으로 당선되었으나, 1962년 5·16 쿠데타로 인해 개헌되어 제3공화국이 열리고 직선제로 5~7대 박정희 대통령이 당선되었다. 제4공화국은 유신헌법을 제정하여 간선제로 통일주체 국민회의에서 8~9대 대통령으로 박정희가 당선되었다. 그러나 1979년 10·26 사태로 박정희가 사망하자 10대 대통령 선거에서는 통일주체국민회의에서 최규하가 대통령으로 당선되었다. 그러다 신군부에 의한 12·12 쿠데타로 11대 대통령 선거가 간선제로 치러져 전두환이 대통령에 당선되었다. 제5공화국에서는 12대 대통령 선거는 간선제로 전두환이 당선되었다.

제6공화국 13대 대통령 선거는 직선제로 89.2%가 투표하여, 여당의 노태우 후보가 36.7%, 여당인 김영삼은 28%, 김대중은 27.1%, 김종필은 8.1%의 득표율을 얻어 노태우가 대통령으로 당선되었다.

14대 대통령 선거는 81.9%가 투표하여, 민주자유당의 김영삼이 42.0%, 김대중은 33.8%, 정주영은 16.3%, 박찬종은 6.4%, 백기완은 1%의 득표율을 얻어 김영삼이 대통령으로 당선되었다.

15대 대통령 선거는 80.7%가 투표하여, 야당인 새정치국민회의의 김대중이 40.3%의 지지를 얻어 당선되었다. 여당이었던 한나라당의 이회창은 38.7%, 이인제는 19.2%, 권영길은 1.2%의 득표율을 얻어 김대중이 대통령으로 당선되었다.

16대 대통령 선거는 70.8%가 투표하여, 민주당 노무현 후보가 48.9%, 한나라당 이회창은 46.6%, 민주노동당 권영길은 3.9%의 득표율을 얻어 노무현이 대통령으로 당선되었다.

17대 대통령 선거는 63.0%가 투표하여, 야당인 한나라당 이명박이 48.7%, 대통합민주신당 정동영은 26.1%, 무소속 으로 출마한 이회창은 15.1%, 창조한국당 문국현은 5.8%, 민주노동당 권영길은 3.0%의 득표율을 얻어 이명박이 대통 령으로 당선되었다.

18대 대통령 선거는 75.8%가 투표하여, 새누리당 박근혜 가 51.55%, 민주통합당의 문재인은 48.02%의 득표율을 얻 어 박근혜가 대통령으로 당선되었다.

19대 대통령 선거는 박근혜 전대통령의 탄핵으로 인해 2017년 5월 9일 77.2%가 투표하여, 야당인 더불어민주당 의 문재인 후보가 41.1%, 자유한국당 홍준표 후보는 24.0%, 국민의 당 안철수 후보는 21.4%, 바른정당 유승민 후보는 6.8%, 정의당 심상정 후보는 6.2%의 득표율을 얻어 문재인 으로 대통령으로 당선되었다.

중앙선거관리위원회 홈페이지에 따르면 개표 마감 결과 총 선거인수 4247만9710명 중 3267만 2101명이 투표에 참 여한 가운데 더불어민주당 문재인 당선인이 1342만 3800표 로 전체의 41.08%를 득표했다. 특히 문재인 당선인은 홍준 표 후보를 557만951표 차로 당선되며 역대 최다 표차 당선 기록을 세웠다.

지역별 득표율을 보면 서울은 문재인 후보가 42.3%를 얻었으며, 인천은 41.2%, 경기는 42.1%, 충남은 38.6%. 세종은 51.1%, 대전은 42.9%, 전북은 64.8%, 광주는 61.1%, 전남은 59.9%, 제주는 45.5%, 강원은 34.2%, 충북은 38.6%, 울산은 38.1%, 부산은 38.7%을 얻었다. 경북은 홍준표 후보가 48.6%, 대구가 45.4%, 경남은 37.2%를 얻었다.

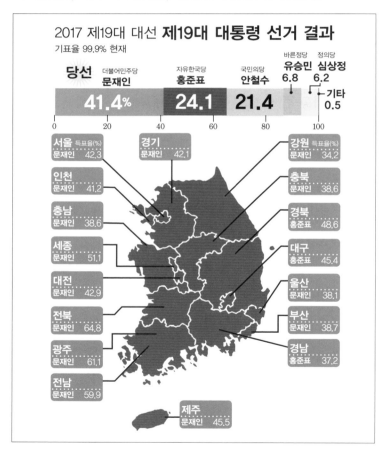

헌정 최고치를 기록한
문재인 대통령의
국정 운영지지도

문재인 대통령은 2017년 5월 9일 대통령에 취임하여 그
동안 국정 운영에 대한 여론조사에서 현직 대통령이 기록한
지지율로는 헌정 사상 최고치를 기록하여 국민들에게 신선
한 충격을 주었다. 특히 문재인 대통령이 취임 100일을 맞
아 YTN, 문화일보, 중앙일보가 여론조사를 실시한 결과 지
지율이 84%에 육박하는 것으로 나타나 국민들의 문재인에
대한 신뢰가 견고한 것으로 나타났다. 종전 최고치는 김영
삼 전 대통령이 1993년 6월과 같은 해 9월 기록한 83%였다.
이 지지율은 박근혜 전 대통령의 4주차 지지율 44%에 비해서는 2배에 육박한다. 대통령 국정운영 능력에 대한 첫 번째 평가는 당선 직후 시점인 만큼 대부분 높은 수치를 기록했다. 문 대통령의 지지율은 그 중에서도 단연 높았다.

취임 100일간 문 대통령이 국민적 지지를 받는 이유로는 전 정권에서는 찾아보기 어려웠던 '소통'과 '파격 인사'가 꼽힌다. 또한 문재인 대통령은 취임 직후부터 국민들과 스스럼없이 '셀카'를 찍고, '열린 경호'로 국민들과 소통 행보를 보였으며, 각종 기념식 취임사에서 '국민 통합' 메시지를 강조한 것도 높은 점수를 얻고 있다는 평가였다.

이후 지지율은 한국갤럽의 조사를 보면 취임 이후 문재인 대통령의 지지율 중에서 '잘하고 있다'라고 평가한 지지도는 7월 2째 주까지 80% 대를 유지하다가 7월 3째 주부터는 74%로 떨어졌다가 77%대를 유지하다가 8월 2째 주부터는 69%로 떨어졌다가 다시 상승하다 9월 2째 주에는 65%로 떨어졌다가 11월 24일에는 72%대를 유지하고 있다. 전반적으로 문재인 대통령에 대한 지지는 보수층을 제외한 거의 모든 지역, 모든 연령, 진보층과 중도층에서도 긍정평가 크게 높거나 부정평가보다 우세하게 나타났다.

문재인 대통령의 업무 추진을 '잘못하고 있다'라고 평가한 것은 6월 첫 주에는 7%에서 10%대 중간을 유지하다 9월 첫 주부터 20%대를 유지하다 10월 2째 주부터는 72%'문 대통

령이 직무수행을 잘하고 있다고 보는가'라고 물은 여론조사에서 응답자의 84%가 '잘하고 있다'고 답했다고 밝혔다. 문재인 대통령의 지지율 중에서 "잘하고 있다"라고 평가한 지지율은 는 답변은 7%, 응답 유보는 8%였다. 여론조사는 갤럽에서 전국 성인 남녀 1000~1004명을 대상으로 진행됐다. 신뢰 수준 95%에 표본오차 ±3.1%포인트다.

문재인정부 출범 7개월이 지난 지금도 문재인 대통령의 국정운영 지지율은 여전히 70%에 육박하는 고공행진을 하고 있다. 취임 직후 84%의 지지율을 보인 것에 비하면 약간 하락하였지만 여전히 전체 국민 가운데 3분의 2이상이 긍정적으로 평가하고 있다. 이는 전반적으로 국정운영을 잘하고 있다는 것을 보여주고 있는 셈이다.

정당 지지도는 더불어민주당이 문재인대통령 집권 초기에는 50% 대를 넘어 54%까지 올라갔으나 11월 4째 주에는 48%까지 떨어졌지만 아직도 국민 절반이 더불어 민주당을 지지하고 있으며, 자유한국당 11%, 바른정당 8%, 정의당 5%, 국민의당 4.5% 순이었다.

문재인 대통령의 지지도가 떨어진 시점을 보면 첫째는 7월 첫 주부터 북한의 핵미사일 시험발사는 지속되는데도 불구하고 사드 배치 여부를 놓고 대선 당시 사드 배치에 대해 '전술적 모호성'을 유지했고, 취임 이후에도 적극적으로 대처하지 못했다는 지적에 따라 지지도가 떨어진 것으로 나타났다.
10월 3주차에는 박근혜 전 대통령의 '정치보복' 발언, '헌법

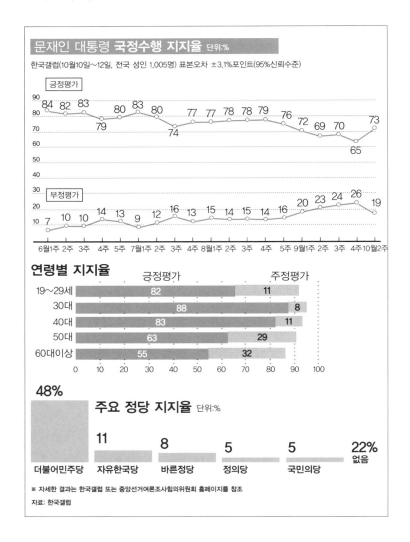

문재인 대통령 국정수행 지지율 단위:%

한국갤럽(10월10일~12일, 전국 성인 1,005명) 표본오차 ±3.1%포인트(95%신뢰수준)

긍정평가

부정평가

6월1주 2주 3주 4주 5주 7월1주 2주 3주 4주 8월1주 2주 3주 4주 5주 9월1주 2주 3주 4주 10월2주

연령별 지지율 긍정평가 주정평가

	긍정평가	주정평가
19~29세	82	11
30대	88	8
40대	83	11
50대	63	29
60대이상	55	32

0 10 20 30 40 50 60 70 80 90 100

48%

주요 정당 지지율 단위:%

더불어민주당	자유한국당	바른정당	정의당	국민의당	없음
48%	11	8	5	5	22%

※ 자세한 결과는 한국갤럽 또는 중앙선거여론조사심의위원회 홈페이지를 참조

자료: 한국갤럽

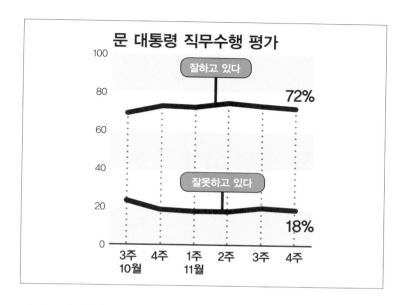

문 대통령 직무수행 평가

잘하고 있다 — 72%

잘못하고 있다 — 18%

3주 4주 1주 2주 3주 4주
10월   11월

재판소장 임명 논란'과 '신고리 원전 건설 중단 여부 논란' 관련 보도가 지속적으로 누적되면서 처음으로 65%까지 떨어졌으나 신고리 5·6호기 공론화위원회가 건설 재개를 권고하면서 반등한 것으로 나타났다.

이후 아셈회의에 참석하여 외교적으로 가시적인 성과가 나타나고, 포항지진에 신속하게 대처하고, 수능을 연기한 것들이 반영되어 다시 73%까지 반등하였다.

타임지 표지 모델이 된 문재인

　문재인 대통령 취임 이후 이전 정부들이 보여주지 않았던 대통령의 행보가 긍정적으로 평가를 하면서 이전 정권과의 차이를 비교하는 목소리가 많아지고 있다. 그런 가운데 문재인 대통령과 이전 대통령의 타임(TIME)지 표지에도 유의미한 차이가 있다는 주장들이 있다.

　문재인 대통령의 사진을 타임지 표지에 실은 것은 대통령으로 당선되기 전 대통령 후보로 출마하였던 2017년 4월 15일 타임지의 취재진과 문재인이 인터뷰를 마치고 6월 4일 발행되었다. 타임지의 표지에는 '네고시에이터(negotiator)'

로 소개되었으며, 부제로 '문재인은 김정은과 협상할 수 있는 한국의 리더를 목표로 하고 있다'라고 표시하여 문재인의 '협상가'로서의 기대를 표현하여 눈길을 끌었다. 타임지의 문재인 후보에 대한 기사는 대한민국 대통령 후보 중 타임지가 유일하게 긴급 인터뷰 한 것으로 타임지의 기자가 한국에 와서 며칠 동안 취재한 내용을 기사로 만든 것이다. 타임지의 문재인 후보의 인터뷰 내용의 중요 내용을 보면 "첫 단계로 북한에 제재와 압박을 강화하는 동시에 협상테이블로 끌어낼 것입니다"라고 하였으며, "튼튼한 한미 동맹으로 철통 안보를 확인한 사람"이라는 음성과 함께 문 후보가 "미국이 어떠한 결정을 내리든 먼저 동맹국인 한국과 긴밀한 협의 하에 이뤄져야 합니다"라고 인터뷰하여 문재인 후보의 대북정책에 대한 견해를 밝혔다.

2000년 4월 타임지에서는 김대중 전대통령을 표지모델로 선정하고 '김의 큰 실험'이라는 주제로 부제는 '평화적 정권 교체를 이뤘다'로 다뤄졌다. 2003년 3월 타임지에서는 노무 전대통령을 표지 모델로 선정하고 '안녕 미스터 노'라는 제목으로 독점 인터뷰를 했다.

2012년 대선 직전에는 대선의 유력 후보였던 박근혜 새누리당 후보를 온라인판 표지 모델로 선정하고 표지 제목을 'The Strongman's Daughter'라고 표현했고, 국내에서 '실력자의 딸'이냐, '독재자의 딸'이냐 하는 논란이 일었다. 그러자 타임지는 'The Dictator's Daughter(독재자의 딸)'로 바꿔 달았다.

　그리고 일부에서는 타임지의 메인 카피 'TIME'을 인물 사진이 가리면 시대를 역행하는 인물로 평가를 하고, 'TIME'을 가리지 않으면 시대를 이끈 인물로 평가를 한다는 주장을 하였지만 이는 잘못된 견해다. 실제로 박근혜 새누리당 후보, 미국 트럼프 대통령, 러시아의 푸틴 대통령, 북한 김정은 위원장 모두 'TIME' 문구를 가린 채 표지에 등장했다. 그러나 아베 일본 수상, 김대중 대통령, 교황 요한 바오로2세 등도 'TIME'을 인물 사진이 가리고 있기 때문에 이런 분석에는 들

| 타임지 표지 모델이 된 문재인 후보 |

154　문재인 신드롬

어맞지 않는 경우도 존재하며 이에 대한 타임지의 공식 입장은 아직 없기 때문에 잘못된 분석이라고 볼 수 있다.

타임지에 문재인 후보의 등재로 인해 특이할 일은 타임지의 판매량에서 기록을 내어 주목을 받고 있다. 인터넷 서점 알라딘은 문재인 표지 타임지가 역대 최다 일간 판매량 기록을 갱신했다고 밝혔다. 알라딘은 타임지 판매를 시작한 후 만 하루간의 판매량이 7024권으로 역대 도서들의 일간 판매량 1위 기록을 넘어섰다고 밝혔다. 기존 일간 판매량 1위 도서는 한강의 '채식주의자'로 2016년 5월 17일 맨부커상 수상 후 출간 후 5523권이 판매되었다. 알라딘의 구매자 분석에 따르면 해당 도서 구매자의 82.3%가 20~30대인 것으로 나타났다. 특히 30대에서의 구매가 46.7%로 무척 높으며 여성의 구매율이 79.3%로 남성보다 3.8배가량 높은 것으로 분석되었다.

한편 문재인 후보가 대통령으로 당선되고 나서 특별판으로 출간된 '문재인의 운명' 역시 동일 기간 3151권이 판매된 것으로 집계되었다. 문재인 표지의 타임지와 '문재인의 운명' 특별판은 현재 알라딘 주간 베스트셀러 1, 2위에 나란히 올라와 있어 문재인 대통령에 대한 관심이나 인기를 반영하였다.

Ⅳ 문재인 신드롬

솔선수범을
몸소 실천한 문재인 대통령

　문재인 대통령은 2017년 5월10일 대통령 취임사에서 "낮은 사람 겸손한 권력"이 되겠다고 선언했다. 또한 국민들에게 "대통령의 제왕적 권력을 최대한 나누겠다"고 하였으며 "나라를 나라답게 만드는 대통령이 되겠다"고 약속했다.

　문재인 대통령은 대통령에 취임하면서 서울 홍은동 자택에서 청와대로 출근하던 길에 차에서 내려 시민들과 격 없이 어울려 자연스러운 사진을 찍었다. 이때 경호원들에게 열린 경호를 부탁하여 국민들이 대통령에게 다가오는 것을 막지 않아 이전의 대통령들이 보여준 모습에서 완전 다른 모습을 보여주었다. 특히 문재인 대통령은 와이셔츠 바람으로 청와대 참모들과 커피잔을 들고 함께 청와대 경내를 산책하며 담소를 나누기도 해서 이전 정부에서 보기 어려운 장면을 목격하였다.

가장 큰 충격적인 장면은 문재인 대통령이 취임 사흘째 되는 날 여민2관 직원 식당을 찾아 직접 식판을 들고 줄을 서서 밥과 반찬을 받아 식사를 하였다. 문재인 대통령은 직접 식권을 식권수거함에 직접 넣은 뒤, 식판을 들고 음식을 담아 테이블로 이동해 식사를 했다. 원래 여민2관 직원 식당은 기능직 공무원들인 식사조리원·시설관리직원·수송 담당 직원들의 식당인데 문재인 대통령은 이들과 섞여 오찬을 했다. 식사를 하면서 기능직 공무원들과 담소를 나누며 애로사항을 귀담아 들었다. 그리고 취임 한 달을 맞은 6월 9일, 문재인 대통령은 임종석 비서실장과 이정도 총무비서관과 함께 직원 식당을 다시 찾아 직원들과 이야기를 나누면서 애로사항이 없는지 확인했다.

지금까지 대통령은 직접 방으로 주문한 식사를 먹고, 어딜 가든 전부 식사를 타다 주거나 미리 세팅을 해서 대통령은 식사만하고 나오는 것이 일반적이었다. 이러한 관행은 비단 대통령만의 일이 아니라 작은 기관의 장들도 그러한 대우가 일반적이었다. 이러한 실정에서 일개 기관의 장도 아니고 우리나라에서 최고의 권한을 가지고 있는 국가 원수인 대통령이 직접 식판을 들고 줄을 서서 급식을 한다는 것은 지금까지 볼 수 없었던 충격적인 장면이었다. 문재인 대통령의 이러한 행동을 깜짝 이벤트라고 생각한 사람들도 많았지만, 문재인 대통령은 가는 곳마다 식사를 타다 주는 것을 못하게 하고 본인이 직접 줄을 서서 급식을 먹는 것을 습관처럼 보였다. 뿐만 아니라 식사를 하는 동안 관련 기관의 종사자들과 담소를 나누면서 그들의 애로사항을 귀담아 들어주고 격려하였다.

문재인 대통령의 직접 급식을 하기 위해서 식판을 들고 줄을 서는 모습이나 직원들과 담소를 나누는 모습은 분명 '낮은 사람 겸손한 권력'으로 대통령이 솔선수범하고 있음을 반영하고 있다. 문재인 대통령의 솔선수범하는 모습은 비단 대통령이 되어서만 한 것이 아니라 대선 후보 시기에 선거운동을 하면서도 고속도로 휴게소에서 운전기사 식기를 대신 반납해 소탈하고 꾸밈없는 모습을 보여주어 문재인의 사람 됨됨이에 감동을 주기도 했다.

대통령의 솔선수범하는 모습은 예하 기관에도 급속하게 영향을 주어 전국의 공공기관에서는 기관장이라고 해서 급식을 타주는 일이 거의 사라지게 만들었다. 실제로 대통령이 직접 급식을 타다 먹은 이후로 한 초등학교에서 교장선생님

이 관행대로 식당에서 급식조리원이 식사를 타다 주는 것을 보고 권력 남용으로 고발당한 사례가 생기기도 하였다. 문재인 대통령의 '낮은 사람 겸손한 권력'을 몸소 실행하는 솔선수범하는 모습은 우리나라 기관장들에게 앞으로 리더가 어떻게 행동해야 하는지에 대한 방향을 알려준 것과 같다.

| 식판을 직접 급식을 타고 있는 문재인 대통령 |

문재인 대통령의
장진호 전투 기념비 방문

　문재인 대통령이 방미 대통령에 당선되고 나서 첫 정상외교로 한미정상회담을 위해 미국을 방문하였다. 문재인 대통령은 한미정상회담을 위해 미국에 방문하여 첫 공식 일정으로 워싱턴 앤드류스 기지에 내리자마자 워싱턴 D·C에 위치한 6·25전쟁 참전용사 기념공원 옆 콴티코의 국립해병대박물관으로 가서 장진호 전투기념비 참배를 선택하였다. 외국의 정상이 국가를 방문할 때는 국립묘지를 방문하는 일은 많았는데 우리가 잘 몰랐던 장진호 전투기념비 참배는 의외의 방문이었다. 많은 사람들은 장진호 전투기념비 참배에 대해서 의아한 선택이라고 생각했지만 문재인 대통령 개인과 한 미 양국에 큰 의미가 있었다. 장진호 전투결과 '흥남부두 철수'가 결정되고 민간인 10만명이 남한으로 피난을 떠나면서 생명을 구하게 된다. 이때 문재인 대통령 부모도 이 피난 대열에 함께 거제도로 갈 수 있었다. 따라서 장진호 전투가 실패했다면 결국 문재인의 부모는 피난할 수 없었고, 지금의 문재인도 대통령도 존재하지 못하게 되는 것이다.

   징진호 전투는 우리에게는 낯설은 전투지만 미국에게는 역사적으로 몇 가지의 중요한 의미를 남긴 전투다. 첫째는 미군에게 절대로 잊을 수 없는 악몽을 남긴 전투 중 하나이며, 특히 미국 해병대 창설 이후 가장 치열했던 전투 중 하나로 꼽힌다. 둘째는 6.25 전쟁에서 최초로 미국과 중국이 최초로 맞붙어 싸운 전쟁이다. 셋째는 역사상 가장 치열했던 독일과 소련의 모스크바 전투와 같은 동계 전투 중 하나로 꼽힌다. 넷째는 가장 성공적인 철수 사례로 꼽히는 전투였다.
   장진호 전투는 1950년 11월 27일 혹독한 겨울의 한 가운데 개마고원의 저수지 장진호 일대에서 치열하게 치루어진 17일 간의 전투를 말한다. 영하 30~40도의 혹한 상황에서 마오쩌둥의 유엔군 격파 지시를 받은 약 120,000명의 중공군 제9병단은 장진호 지역에서 에드워드 알몬드가 이끄는

30,000명의 미국 제10군단을 기습 공격했다. 미군들은 곧 포위되었고, 중공군을 막아내는 과정에서 미2사단은 사실상 전멸할 정도로 피해가 컸다. 그러나 유엔군은 이러한 상황에도 불구하고 피해를 줄이면서 성공적인 철수를 위해 전투를 이어나갔다. 미국의 전술은 중공군의 사상자를 늘려가며 포위망을 돌파하는데 주력했다. 제10군단의 목표는 흥남 철수 작전을 성공적으로 하기 위해 최대한 중공군에게 피해를 입히고 포위망을 뚫는 것이었다. 해병대가 철수에 성공할 수 있었던 이유는 동쪽에서 중공군의 예봉을 맡은 페이스 특수임무부대의 역할이 컸다. 페이스 특수임무부대가 희생을 치르며 포로가 되는 동안, 서쪽의 해병대는 포위되지 않을 수 있었다. 중공군은 유엔군을 북한 동북부에서 몰아내는데 성공했으나 중공군 7개 사단은 궤멸에 가까운 큰 피해를 입었다. 미군은 포위를 뚫고 흥남에 도착, 흥남 철수를 통해 남쪽으로 탈출하는 데 성공했다. 미군은 이 전투에서 미국군 1만 2000여명 중 2500여명이 전사했고 5300여명이 실종 및 부상했다. 중공군은 12만명 중 2만5000여명이 전사, 1만2500여명이 부상을 입을 정도로 치열한 전투였다.

장진호 전투는 미국군의 10배에 달하는 중공군이 결국 전략적으로는 승리했지만 미국은 피해를 최대한 줄이면서 철수할 수 있는 전술적 승리를 했다고 평가를 받고 있다. 이 전

투로 중공군은 막대한 피해를 입고 함흥지역 진출에 어려움을 겪었다. 덕분에 국군과 유엔군 부대가 흥남으로 집결하여 철수할 수 있었으며, 193척의 군함으로 군인 10만 명, 민간인 10만명이 남한으로 피난을 떠나면서 생명을 구하게 된다. 흥남 철수의 작전시작한 날은 바로 대한민국이 평양에서 철수한 날이었으며, 또한 흥남 철수 작전이 바로 1.4 후퇴의 시작이었다. 때문에 우리 역사에서 매우 의미있는 전투였다. 따라서 미국에게는 자기 나라도 아닌 지역에서 수많은 인명 피해를 보았지만 나름대로 철수작전을 성공리에 진행하여 많은 인명을 구할 수 있었기 때문에 더 큰 의미있는 전투였다. 그렇기에 문재인 대통령의 장진호 전투기념비 참배는 미국에게 신선한 충격이 되기에 충분하였다.

문재인 대통령은 장진호 전투기념비를 참배하기 전에 먼저 예배당에서 참전용사의 후손들을 만들을 만나 감사의 인사를 드리고, 장진호 전투에 직접 참전했던 용사 앞에서는 깍듯한 예의를 갖추어 고개를 숙였다.

문재인 대통령은 "엄청난 희생을 치른 그 전투의 결과로 메러디스 빅토리호의 '크리스마스 기적'이 있었고 제가 있을 수 있었다. 바로 저의 부모님이 메러디스 빅토리 호를 타고 거제도로 피난을 내려오셨고 그 거제도에서 제가 태어났다.

흥남부두에서 메러디스 빅토리 호에 올랐던 젊은 부부가 남쪽으로 내려가 새 삶을 찾고 그 아이가 대한민국의 대통령이 되어 이 곳에 왔다"고 하였다.

　이어 문재인 대통령은 로버트 넬러 미 해병대 사령관 등과 함께 장진호 전투 기념비 오른쪽에 산사나무 한 그루를 기념식수했다. 산사나무의 별명은 '겨울왕'(Winter King)으로 혹한을 이겨낸 장진호 전투 참전용사들의 용기를 상징한다. 이날 행사는 40분간 진행될 예정이었으나 문 대통령이 참전용사들에게 일일이 감사를 표하고 기념사진을 촬영하느라 70분간 진행됐다. 문재인 대통령은 행사를 마치고 다음 장소로 이동하던 중 현지교민들의 환대를 받았다. 환영 플래카드를 든 교민 수십 명을 발견한 문 대통령은 차에서 내려 교민과 악수하고 사인 요청에 응했으며, '셀카' 촬영 요청에도 흔쾌히 응했다.

　문재인 대통령의 가족사와 맞물려있는 장진호 전투 기념비 참배 장면은 이날 미국 해병대 페이스북으로 생중계됐는데, 이 영상은 게시된 지 하루 만에 46만 회 조회되는 등 미국 내에서 뜨거운 반응을 불러일으켰다.

신의 절묘한 한수
신고리 5·6호기
공론화 위원회의 선택

문재인 대통령의 제19대 대통령 선거에서 원자력정책 공약을 다음과 같이 발표하였다. 첫째, 노후 원전 폐쇄 및 신규 원전 중단 등으로 원전사고 걱정 해소. 둘째, 신규 원전 전면 중단 및 40년 후 원전 제로 국가로의 탈(脫)원전 로드맵 마련. 셋째, 설계 수명 남은 원전의 내진 보강 및 설계수명 만료되는 원전부터 해체 추진. 넷째, 지자체와 지역주민들이 참여하는 원자력안전협의회의 법적 기구화. 다섯째, 원전의 안전관리 관련 업무의 외주 금지와 직접고용 의무화 등이다. 문재인 대통령은 '탈(脫)원전'을 통해 '안전하고 건강한 대한민국 만들자'는 것이 문재인 대통령의 대표적인 탈원전 공약이다.

탈(脫)원전 공약은 18대 대선에서 후보 1명을 제외하고 4명의 주요 후보들이 각론에서 조금의 차이가 있지만 공통적으로 제시한 에너지 공약이다. 문재인후보가 대통령에 당선되고 탈원전 공약을 추진하려고 했을 때 탈원전을 비판·반대하는 전문가, 언론, 정당, 산업, 심지어 해외 시민단체의 여론이 우리 사회를 뒤흔들었다. 원자력은 우리 생활과 산업에 필요한 동력원이지만, 순간의 잘못으로 엄청난 재앙을 초래할 원전은 현실적인 필요악이었지만 자신들의 이익에 부합하는 단체와 국민들은 찬반으로 나뉘어 정국을 혼란에 빠뜨리기도 하였다.

정부는 탈원전 정책을 추진하게 되면 반대 세력에 욕을 먹고, 추진하게 되면 찬성 세력에서 욕을 먹기 때문에 한마디로 진퇴양란에 빠졌다. 정부는 직접 탈원전 정책을 추진하기 보다는 숙의 민주주의를 표방한 시민배심원단인 '신고리 5·6호기 공론화위원회(公論化委員會)'을 만들어서 공론에 붙였다. 공론(公論)이라는 것은 여럿이 의논하는 것을 말하는데 신고리 5·6호기 공론화위원회(公論化委員會)는 신고리 5·6호기를 계속 건설할 것인지 전면 중단할 것인지를 결정하는 것을 순수하게 시민들 상호간에 충분한 지식과 정보를 나누고 토론을 통해서 의견을 교환하게 하고 최종 결정을 내리도록 하였다. 처음에는 탈원전 정책을 추진하는 것으로 여론이 앞섰으나 신고리 5·6호기 공론화위원회 시민참여단 471명은 한달여 숙의 과정 후 조사결과 신고리 5·6호기 건설 재개가 59.5%로, 건설 중단을 선택한 40.5%보다 19%포인트 높게 나와 결국 신고리 5·6호기 건설 재개가 선택되었다. 또한 앞으로 원자력발전은 축소하는 데 53.2%가 찬성하였고, 현상태로 유지하는 것은 35.5%, 원자력발전을 확대하는 데는 9.7가 찬성하여 원자력발전은 축소해가는 정책을 선택하였다.

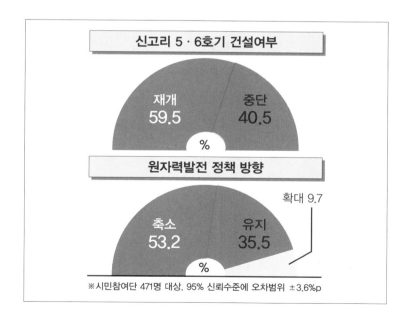

문재인대통령은 신고리 5·6호기 공론화위원회의 결정을 적극적으로 받아 들여 신고리 원전 5·6호기 건설 재개 권고를 수용하며 새 정부의 탈원전을 비롯한 에너지 전환 정책은 차질없이 추진하겠다는 의지를 재천명했다.

　문재인 정부는 신고리 5·6호기 중단이라는 대선공약을 이행하지는 못하게 됐지만, 원자력 발전 축소에 대한 국민적 동의를 확인함으로써 '탈(脫)원전'을 포함한 에너지 전환 정책을 추진하는 명분과 동력을 확보했다. 물론 일부 지지층에서 공약 파기 논란이 일어날 수 있고, 3개월 간 공사 중단에 따른 경제적 손실을 부각하고 있는 집단의 공세는 당분간 국정운영의 부담으로 작용할 수 있다. 그러나 어떤 결정을 내려도 사회적 혼란과 갈등이 생길 수밖에 없는 사안에 대하여 정부가 직접 나서서 결정함에 따른 정치적인 부담을 없애고, 신고리 원전 5·6호기 건설은 계속하되 원전은 축소함에 따라 명분과 실리를 다 챙겼다고 언론에서는 평가하였다. 현실적으로 종합공정률이 29.5%(시공은 11.3%)에 달하는 신고리 5·6호기 건설 백지화에 대한 매몰비용 등을 고려하면서, 문재인 정부의 향후 탈원전 정책에도 힘을 실어주는 절묘한 선택을 한 것이다.

　문재인 정부는 공론화 절차의 도입으로 찬반 양측이 수용할 수 있는 절충적인 결론에 도출함으로써 정치적 후유증을

최소화하는 전례도 남겼다. 문재인 대통령이 강조한 '숙의 민주주의'의 첫 성공 사례로서, 향후 국정운영에서도 찬반이 맞붙는 갈등 사안을 해소·관리하는 프로세스로 활용될 전망이다. 청와대 고위 관계자는 "공론화위를 통해 첫 번째 실험을 했는데 결국 대한민국이 민주공화국이고 대한민국의 주인은 국민이라는 명제가 이런 절차를 통해 한 걸음씩 앞으로 나갔다는 의미에서 굉장히 좋았던 것으로 본다"고 평가했다.

정부는 위원회의 결정에 따라 탈원전 정책에 탄력을 받아 신규 원자력발전소 6기의 건설계획을 백지화하고, 2038년까지 설계수명이 끝나는 원전 14기의 가동을 연장하지 않기로 했다. 그리고 2022년 11월 수명이 끝나는 월성 1호기는 전력 수급상황 등을 고려해 현 정부 임기 내로 폐쇄 시기를 앞당기기로 脫원전 로드맵을 확정하였다.

신고리 5·6호기 공론화위원회의 결정을 두고 언론에서는 '신의 절묘한 한수'이라고 하였는데, 절묘(?妙)는 비할 데가 없을 만큼 아주 묘(기이하거나 색다르다)하다는 것을 말한다. 결국 문재인 정부가 '신고리 5·6호기 공론화위원회(公論化委員會)'에게 결정을 맡긴 것은 신이 선택할 수 있는 비할 데 없이 좋은 선택을 말한다. 이번 '신고리 5·6호기 공론화위원회'의 시민참여를 통한 공론화 과정을 거친 결정은 향후 우리 정치사에 갈등조정의 새로운 이정표를 세웠다고 해도 손색이 없다. 그리고 대한민국 민주주의가 더 한층 성숙해졌다는 것을 세계에 각인시켰다는 평가를 받을만하다.

5 · 18 기념식에서
배려의 감동을 주었다

5월 18일은 1980년 5월 18일을 전후하여 광주(光州)와 전남(全南) 일원에서 신군부의 집권 음모를 규탄하고 민주주의의 실현을 요구하며 전개한 민중항쟁의 법정기념일이다. 광주에서는 매년 5월 18일을 기념하여 다양한 행사를 진행하는데 그 중에서도 5 · 18 기념식 행사는 규모도 크지만 큰 의미를 두고 있다.

2017년 5월 18일에 열린 제37주년 5 · 18 기념식은 국립 5 · 18민주묘지에서 5 · 18민주유공자 · 유족 뿐만 아니라 2 · 28 민주운동 기념사업회, 3 · 15의거 기념사업회, 4 · 19

혁명 관련 단체, 4·3유족회, 4·3평화재단, 4·9통일평화재
단, 부산민주 항쟁기념사업회, 4·16연대 등을 비롯한 민주
화운동에 참여했던 모든 분들과 국민이 함께할 수 있는 장으
로 1만 명 이상 참석하는 역대 최대 규모로 열린 기념식으로
매우 뜻깊었으며 감동의 기념식이었다. 5·18 기념식 행사에
는 현직 대통령들은 취임 첫해에만 직접 방문했으며, 다음해
부터는 국무총리나 국가 보훈처장이 대신 참석해 왔다. 문재
인 대통령도 대통령으로 당선되었기 때문에 5·18 기념식에
참석하였다.

　문재인 대통령은 5·18기념식에서 '님을 위한 행진곡'을 제
창하도록 하였다. '님을 위한 행진곡'은 대한민국의 민중가
요로서, 5·18 광주 민주화운동 중 희생된 윤상원과 노동운
동가 박기순의 영혼결혼식을 위하여 1981년 작곡되었다. '님
을 위한 행진곡'은 1997년까지 만해도 5·18기념식에서 함께
부르는 노래였는데, 2009년 이명박 정부에서는 5·18기념식
식전행사로만 제창하도록 하였으며, 2011년에는 의무적으로
부르는 제창이 아닌 참석자가 선택해서 부르는 합창으로 하
였다. 문재인 대통령은 "'님을 위한 행진곡'은 단순한 노래가
아니라 오월의 피와 혼이 응축된 상징으로 5.18민주화운동
의 정신, 그 자체다"라고 하였다. 그리고 "임을 위한 행진곡'
을 부르는 것은 희생자의 명예를 지키고 민주주의의 역사를

기억하겠다는 것"이기 때문에 5·18기념식에서 제창하도록 하여 9년 만에 전체가 부르는 노래가 되었다.

문재인 대통령은 기념식 기념사를 통해 "첫째, 5.18때 헬기 사격까지 포함해 발포의 진상과 책임을 반드시 밝혀내겠다. 둘째, 5.18 관련 자료의 폐기와 역사 왜곡을 막겠다. 셋째, 전남도청 복원 문제는 광주시와 협의하고 협력하겠다. 넷째, 5.18 정신을 헌법 전문에 담겠다는 공약도 지키겠다. 광주정신을 헌법으로 계승하는 진정한 민주공화국 시대를 열겠다"고 약속했다.

문재인 대통령의 기념식 연설은 그 동안 5.18때마다 답답했던 마음에 큰 울림을 주었는데, 더 큰 감동을 준 것은 기념사가 끝난 후에 일어났다. 그것은 바로 문재인 대통령의 기념사 이후에 울면서 추모사를 했던 5·18민주화운동의 유가족 김소형씨를 무대 위까지 따라가서 안아준 것이었다.

김소형(37·여)씨의 아버지는 전남 완도에서 직장을 다니다 5·18 민주화운동이 일어난 1980년 5월 18일에 태어난 딸을 보려고 광주를 찾아와 소중한 딸을 얻었다는 기쁨도 잠시, 주택가까지 날아든 계엄군 총탄으로부터 가족을 지키고자 솜이불을 꺼내 창문을 가리던 중 피 흘리며 쓰러져 비극적인 죽음을 맞았다.

김소형씨는 추모사를 통해 "5·18은 제가 이 세상에 왔던 기쁜 날이기도 하지만 제 아버지를, 제 어머니의 남편을 빼앗아간 슬픔이기도 하다"며 눈시울을 붉혔다. 5·18유가족으로 살아왔던 지난날을 떠올리며 "나라가 아빠를 빼앗아간 건지, 내가 그때 태어나서 아빠가 돌아가신 건지, 제 자신을 많이 원망하기도 했습니다. 만약 제가 그때 태어나지 않았으면 아빠도 살아계시지 않았을까 생각할 때도 있다"며 "5·18유가족은 눈물로 많은 날을 살아가는 것"이라고 떨리는 목소리로 말했다. 결국 아버지 얼굴도 보지 못하고 살아온 김소형씨는 이날 기념식에서 추모글을 읽던 도중 감정에 북받친 듯 울음을 터뜨렸다.

객석에서 그 장면을 보던 문재인 대통령은 안경을 벗고 손수건을 꺼내 흐르는 눈물을 닦았으며, 기념식 행사를 지켜보던 시청자들과 행사에 참여자들 중 많은 이들의 가슴을 울렸다. 김소형씨의 추모사를 수화로 통역했던 수화 통역사도 연신 눈물을 흘려 화제가 되기도 하였다.

김소형씨가 추모사를 마치고 무대에서 퇴장하는데, 갑자기 눈물을 닦던 문재인 대통령이 일어나 단상으로 올라가서 김씨를 따라갔다. 그리고 문재인 대통령은 눈물을 흘리면서 무대에서 퇴장하는 김씨에게 다가가 아버지처럼 안아주면서 격려했다. 아버지를 비극적으로 보낸 것이 너무나 슬퍼하는 김씨를 무대까지 따라가서 안아 준 것은 문재인의 평소 인품

| 5·18 기념식에서 유족을 안아주는 문재인 대통령의 감동적인 장면 |

을 엿볼 수 있는 작은 명장면이었다.

나중에 SBS와 취임 기념 100일 인터뷰에서 "그때 돌아가신 아버님께 드리는 편지 낭독하면서 눈물을 흘리신 여성분이 어깨에 머리를 묻고 펑펑 우셨는데, 이분의 서러움이 다 녹아서 없어질 수 있다면, 또 내가 위로가 될 수 있다면 참 좋겠다는 생각을 했다"고 말했다.

▶ 윤장현 광주시장은 "대통령은 민주의 문에서부터 5·18유가족, 참석인사들과 걸어서 식장에 다가섰다. "눈물로 뒤범벅된 광주시민들이 '이게 나라다'고 되 뇌이고, 그동안 분하고 원통해서 흘렸던 恨의 눈물, 오늘은 감격과 기쁨의 눈물이 되었다. 광주를 아파하고 기억하고 치유하는 대통령을 만났

다는 사실 자체가 믿기지 않는 기적이고, 행복이다"라고 말
했다.

▶ 국민의당 김동철 원내대표는 모두 발언을 통해 "어제 열린
5·18 기념식에서 9년만에 임을 위한 행진곡을 마음껏 부를
수 있었다"고 했으며, 문재인 대통령의 기념사에서는 진정성
을 느꼈으며 유족들도 기뻐하며 환영했다.'고 했다.

▶ 정의당 심상정 대표는 자신의 트위터에 "가슴 벅찼던 5·18
기념식이었다. 문재인 대통령의 기념사는 울림이 컸다. 5·18
정신을 확장하고 더 강한 민주주의를 만드는 데 함께 할 것"
이라고 소감을 밝혔다.

▶ 노회찬 정의당 국회의원은 자신의 튀위터에 "문재인 대통령
의 5·18기념사 문장문장마다 박수치지 않을 수 없었고, 끝
났을 때 일어나지 않을 수 없었습니다. 기념사 자체가 길이
기념할 만 했습니다"라고 적었다.

▶ 배우 김의성은 자신의 트위터에 "6공화국의 마지막 대통령
이 문재인이라서 다행이다. 정말 다행이다. 눈물이 멈추질
않는다. 문빠라고 놀려도 좋다. 저런 연설을 하는 대통령이
라니. 노무현의 연설이 뇌를 뒤흔든다면 문재인의 연설은 가
슴을 후벼 파는구나"라고 적었다.

　문재인대통령의 5·18 기념식 기념사에 대해 정치권과 시
민사회단체는 크게 공감하고 문재인 대통령의 5·18 기념식
기념사에 대해 각자 논평을 내고 "역대급 명연설이었다"고
찬사를 쏟아냈다. 5·18 기념식에 참석한 유가족들과 광주시
민들은 5·18 기념식 기념사 내내 그 동안 답답했던 마음에

서 개운해지는 느낌을 느끼며 눈시울을 훔쳤으며, 단호하고
도 굳은 의지가 담긴 문재인 대통령의 기념사 구절구절마다
박수로 환영했다. 그러나 더 큰 감동은 5·18유가족으로 추
모사를 끝낸 김소형씨를 무대까지 따라가서 안아준 것일 것
이다. 사랑하는 아버지가 자신의 출생을 보러왔다가 총에 맞
아 사망해 가족의 비극이 된 김씨의 비통한 마음을 이해하고
위로하는 그 모습이야말로 문재인 대통령의 순수한 진정성
을 느낄 수 있는 행동이었으며, 깊은 배려심을 표현한 것이
기에 국민들은 감동을 받은 것이다.

합참의장의 전역식에서
항공권을 선물하다

　문재인 대통령이 전역하는 이순진 전 합동참모본부 의장에게 해외 항공권을 선물해 잔잔한 감동을 주었다.

　이순신 장군은 경상북도 군위에서 태어나 대구고등학교를 졸업하고, 3사관학교 14기 소위로 임관하였다. 이순진 장군은 주류인 육사 출신이 아닌 육군3사관학교 출신으로 박근혜 정부에서 첫 합참의장이 된 인물로 유명하다. 합참의장이 되면서 많은 미담들이 발굴되었는데 몇 가지를 보면 다음과 같다.

　이순진은 장교로 임관되면서 자신에겐 엄격하면서 부하들

에게는 자식을 군대에 보낸 부모님들의 마음과 같은 애정을 가지고 부하들을 이끌었다. 심지어는 생일을 맞은 병사에게는 직접 손편지를 써서 주는 등 부하들에게는 한없이 너그럽고 부드럽게 대해서 부하들은 이순진 장군을 늘 '순진 형님', '작은 거인'으로 불렀다. 사단장 시절엔 추위 속에서 제설 작업을 하는 병사들에게 조금이라도 몸을 녹이라며 뜨끈하게 끓인 차를 직접 가지고 나와 나눠주었으며, 근무를 서는 장병들에게는 커피와 과자를 가져와 나누어 주기도 하였다. 제2작전 사령관일 때는 공관에 살면서 공관병을 1명만 남겨 간단한 행정 업무만을 맡기고, 부인이 직접 식사 준비를 하고 가사를 돌보게 했다. 아이러니하게도 그의 후임으로 '공관병 갑질'을 일으킨 박찬주 대장이었으니 최고의 사령관관과 최악의 사령관이 한자리에서 근무하였다.

이순진 장군이 제2작전 사령관으로 근무할 때 국회 국방위의 국정감사가 실시되었는데 여야 국회의원들의 송곳 같은 질문에 대해서 하나도 막힘없이 답변하여 국감 중 피감기관장(長)의 답변이 가장 완벽했던 곳으로 인정을 받기도 했다. 제2작전사령관 관할 지역이 한강 이남 해안을 포함한 육군의 모든 지역임을 감안하면, 엄청난 넓이이고 복잡한데도 불구하고 자신의 관리하는 부대의 상황이나 인원수까지 정확히 답하여 국감장을 찾은 국회의원들로부터 최고의 군인이라는 평가를 받기도 했다.

　이순진 장군은 대장이 되고 합참의장이라는 군인으로는 최고의 지위에 올랐지만 절대 나태하거나 자만하지 않았다. 42년간의 군 생활 중 이동이 많아 총 45번이나 이사를 하면서 근무지를 옮겨 다녔다. 또한 군에 재직하는 동안 부대 일에 충실하다 보니 동생들 결혼식에 한 번도 참석하지 못했을 뿐만 아니라 해외여행도 한 번도 가보지 못했다. 더욱이 딸이 캐나다에 살고 있는데도 가보지를 못했다.

　이순진 의장은 자신을 임명해준 정권이 바뀌고 문재인 정부에서 전역을 했지만, 문재인 대통령은 현직 대통령으로서는 처음으로 합참의장 이·취임식에 참석해 축하했다. 문재인 대통령은 이순진 전합참의장에 보국훈장 통일장을 수여한 뒤, 부인 박경자 여사에게는 꽃다발과 함께 캐나다행 왕복 비행기표를 선물했다. 이순진 전 의장이 42여년 동안 군 생활을 하면서 출장을 제외하곤 아내와 함께 한 번도 함께 해외여행을 못했다는 사연을 전해들은 문재인 대통령이 캐나다에 있는 딸에게 다녀오라고 특별히 선물한 것으로 전해졌다. 어제까지 군 최고 지휘관이었던 이순진 4성 장군은 자신을 임명하지 않아 불편할 수도 있었던 문재인 대통령의 따뜻한 배려 앞에서 결국 눈물을 보였다.

문재인 대통령은 합참의장 이·취임식 축사에서 채근담에
나오는 '대인춘풍 지기추상(待人春風 持己秋霜)'이라는 한자
를 거론하며 이 전 의장에 대해 "자신에겐 엄격하면서 부하
들에게선 늘 '순진 형님'으로 불린 부하 사랑의 모습은 자식
을 군대에 보낸 부모님들이 바라는 참군인의 표상이었다"고
평가했다. 그러면서 "최근 북한의 지속적인 도발로 안보 상
황이 엄중한 가운데서도 우리 국민은 대단히 의연하게 대처
하고 있다. 군이 국방을 잘 관리하고 안보를 튼튼히 받쳐준
덕분이며, 그 중심에는 합참의장 이순진 대장의 노고가 있었
다. 조국은 '작은 거인' 이순진 대장이 걸어온 42년 애국의
길을 기억할 것입니다"고 격려하였다.

| 비행기표를 선물로 주는 문재인 대통령 |

문재인 대통령은 자신이 적폐의 핵심으로 여기는 박근혜 전 대통령이 임명한 합참의장임에도 불구하고, 전격적으로 합참의장 이·취임식 참석하여 축하하였다. 더욱이 합참의장 이·취임식에는 이전의 어떤 대통령도 참석하지 않았는데도 불구하고, 전례 없이 직접 퇴임식에 참석하여 이순진 의장에 대한 퇴임을 축하하며 예를 갖추었다. 문재인 대통령이 합참 의장 이·취임식에 전격적으로 참석하게 된 이유를 따져보면, 문재인 대통령이 군심을 달래면서도 최고 통수권자로서 군과의 일체감을 형성하려는 행보로 해석될 수 있지만, 그것보다는 문재인 대통령의 이순진 의장에 대한 애국심과 군인 정신에 대하여 높이 평가하기 때문이었을 것이라는 것이 더 지배적이다. 이·취임식 축사에서 이순진 장군의 군대 일화를 구체적으로 언급했던 것을 보면 문재인 대통령이 얼마나 이순진 장군에 대한 신뢰가 컸는지를 이해할 수 있다. 또한 이순진 장군 부부가 한번도 함께 해외여행을 하지 못했다는 사실을 인지하고, 같이 여행을 할 수 있도록 배려하여 항공권을 선물한 것은 전직 대통령들에게서는 찾아보기 어려운 자상한 마음의 표현이었다.

문재인 대통령의
별명에서 나타난 인품

　문재인 대통령은 우리나라에서 가장 많은 별명을 가진 사람 중에 하나다. 대부분은 한 가지 별명으로 일생을 살기도 하는데 문재인은 상황에 따라 다양한 별명들이 만들어져서 불려졌다. 별명이 한 가지라는 것은 그 사람의 일생이 타인들에게 단순하게 일관적으로 보여 지기 때문이다. 그러나 별명이 다양하다는 것은 문재인이라는 사람에 대해서 그만큼 다양한 인식과 시각으로 비쳐졌기 때문일 것이다.

　문재인 대통령의 별명은 노무현 전 대통령과 불가분의 관계가 있기 때문에 노무현 전 대통령이 '바보대통령'이라고 불리는 것에 대하여 문재인은 '이쁜 바보'라는 별명으로 불렸던 적이 있다. 노무현이 바보처럼 우직하게 자신의 정치철학을 실천하기 위해 노력하는 것에 대하여 국민들이 붙여준 별명이 '바보대통령'이었다. 특히 대통령에서 물러나 노무현 전 대통령은 자신의 손녀를 자전거에 태우고 즐거운 표정으로 논길을 가는 모습에서도 국민들은 아무 사심이 없는 보통 사람인 노무현 전 대통령을 '바보대통령'이라 불렀다. 정치에 관심이 없던 문재인을 정치로 불러낸 것이 노무현 전 대통령이고, 노무현 대통령을 지근에서 모시는 민정수석비서관과 대통령비서실장을 지낸 문재인에게 붙여진 별명이 '이쁜바보'라는 별명이다.

또한 더불어 민주당의 대표로소 또한 대통령이 되어서 자신이 가질 수 있는 권리나 특권들을 버리고, 마음을 비우는 대인배의 모습을 보여 주었다. 특히 더불어 민주당 경선 당시 자신들이 불리하다는 다른 더불어 민주당 경선 후보들의 제안을 자신의 후보확정이 불확실해 짐에도 모두 수용하여 '문대인'이라는 별명도 얻었다.

19대 대선 선거를 치룰 때 문재인 후보에게 주어진 별명이 매우 많았다. 대선 전의 별명은 대부분 문재인 후보가 여론에서 우세하였기 때문에 대세론을 반영하는 별명이 주를 이루었다. '어대문'(어차피 대통령은 문재인), '대깨문'('대세는

깨어 있는 문재인' 또는 '대가리가 깨져도 문재인'), '아나문·
아낙수나문'(아빠가 나와도 문재인, 아빠가 낙선하고 수없
이 나와도 문재인), '사대문'(사실상 대통령은 문재인), '반기
문'(반드시 기필코 문재인) 등 뭘 어떻게 해도 대통령은 문재
인이 될 것이라는 뜻의 말들이 주를 이루었다.

박근혜 전 대통령 탄핵을 요구하는 촛불집회가 한참일 때
는 성격과 언행이 답답하다는 의미에서 '고구마'라는 별명을
얻었다. 반면에 성남시장 이재명은 촛불집회에 참가하면서
정부나 박근혜 전 대통령에 대해서 날선 연설을 하여 인지도
가 높아갈 때 국민들을 시원하게 해준다는 뜻에서 '사이다'라
는 별명을 얻었다. 이러한 별명은 더불어 민주당 경선 당시
문재인은 답답한 고구마로 성남시장 이재명은 시원한 '사이
다'로 불리며 대조를 이뤘다. 그러나 이러한 비판에 대하여
문재인 후보는 담담하게 "사이다는 시원하지만 고구마는 배
가 든든하다. 저는 든든한 사람"이라고 맞받아치면서 긍정적
인 의미로 바꾸기도 하였다.

문재인 대통령은 대통령에 당선되고 나서는 '이니'라는 별
명을 얻었다. '이니'는 문재인대통령의 이름 마지막 '인'에 '재
인이'할 때 '이'를 붙인 별명(문재인이→재인이→인이→이니)
인데 가장 문재인 대통령을 잘 나타내고 가장 친근하게 불리
는 애칭이다. '이니'는 문재인 대통령 특유의 어눌한 말투로

친근해서 좋다는 뜻으로 라고 부르는 별명이다.

　지금까지 문재인 대통령을 지칭하는 별명을 보면 부정적인 면을 지칭하는 별명도 있지만 대부분은 긍정적인 별명이고, 별명의 성격을 보면 강인함과 독선보다는 오늘하고 친근한 이미지를 나타낸 별명이 주를 이루고 있다.

'이니시계'의 품귀 현상

    문재인 대통령 기념 손목시계를 일명 '이니시계'로 불리며 이니시계를 소장하려는 사람들은 많은데 구할 수가 없어서 화제를 모으고 있다. 청와대 직원들도 이니시계를 구하기가 어렵다고 하고 심지어는 문재인 대통령마저도 이니시계를 구하지 못했다고 하는 말이 나돌 정도로 시계가 귀하다. 청와대 관계자들도 대통령 시계 민원에 난처한 적이 한두 번이 아니라고 한다. 취임 초부터 문 대통령의 인기가 지속되자 '문 대통령도 없다'는 이니 시계의 몸값이 천정부지로 오르고 있기 때문이다. 이니시계가 귀하신 몸이 되자 불탈법으로 거래되기도 한다. 온라인 중고거래 사이트에선 한때 원가 4만 원짜리 시계가 원가의 22배가 넘는 90여만원에 판매한다는 글이 나돌기도 하여 거래가 과열되고 공동구매 움직임까지 나타나고 있어 '이니시계'에 대한 인기를 표현했다. 그리고 문재인 대통령의 친필 사인이 들어간 '문재인 시계'가 한 바 자회에서 420만 원에 낙찰되기도 하였다. 이때 나온 시계는 임종석 대통령비서실장이 기증한 '1호 문재인 시계'로 남녀용 한 쌍이었다.

대통령 시계는 박정희 전대통령 시기에 봉황문양과 친필 서명을 넣어서 시계를 만들어 가장 먼저 받은 사람들은 새마 을운동 지도자들에게 주기 시작하면서 관행이 되었다. 대통 령 시계는 아무에게나 주는 것이 아니라 청와대 초청행사 참 석자들에게 주는 기념품으로 일반인에게는 판매되지 않는 다. 대통령 시계는 국가유공자 등 청와대 초청 인사들에 한 해 1인당 1개씩 증정된다. 청와대는 직원들에게도 이 시계 를 지급하지 않고 있다. 시계 주문 및 배포는 한 달에 1천 개 정도를 제작업체로부터 납품받아 선물하는 방식으로 청와대 총무비서관실이 담당하고 있다. 청와대 총무비서관실은 예 산상의 이유 등으로 시계 지급을 꼭 필요한 경우로 한정하고 있다. 청와대는 문재인 시계 외에도 문재인 대통령의 사인과 봉황 문양이 들어간 찻잔도 기념품으로 제작했다. 이 찻잔은 주로 김정숙 여사의 외부 활동 때 사용된다고 한다.

문재인 대통령 시계는 탈권위적이고 소박함을 주제로 하여 남녀용 한 쌍으로 구성되어 있으며, 시계의 모양은 흰색 바탕의 동그란 몸체에 양가죽 재질의 밝은 회색 가죽 끈으로 만들었다. 시계 중앙에는 대통령을 상징하는 봉황과 무궁화 문양이 새겨져 있고, 그 밑에는 '대통령 문재인'이라는 사인이 담겼다. 시계 전면에 '대통령'을 표시한 것은 이번이 처음이다. 시계의 봉황, 시계바늘, 인덱스는 기존 정부의 대통령 시계에서 사용하던 황금색에서 로즈골드색으로 바꿔 기존의 관행을 타파하고, 새로운 정부에 의한 변화의지를 표현했다고 한다. 시계 뒷면과 포장박스 안에는 문재인 대통령의 정치 철학인 '사람이 먼저다'라는 문구가 새겨 넣었다. 포장박스는 재생용지를 사용해 친환경 정책에 정부가 솔선수범하는 모습을 강조함과 동시에 태극을 모티브로 한 청·홍색을 써 대한민국의 상징성을 반영했다. 문재인 대통령 시계는 한국시계협동조합이 추천한 6개 중소기업 중 평가위원회에서 가장 높은 점수를 받은 K사의 제품이라고 한다.

경찰에 따르면 대통령 시계를 위조해 판매하는 경우, 진품을 직접 받은 사람이 판매하는 경우, 제조업체가 청와대를 통하지 않고 우회 판매하는 경우 세 가지 모두 불법으로 규정하고 있다.

역대 대통령들의 시계를 보면 대통령의 특징에 따라 재미있는 에피소드가 있다. 가장 유명한 대통령 시계는 김영삼 전 대통령의 시계인데 문재인 대통령의 '이니시계'처럼 김영삼 대통령의 시계도 '03시계'로 불렸다. 김영삼 대통령은 처음으로 우리 역사에서 문민정부를 탄생시켰기 때문에 국민적인 인기를 끌었던 만큼 역대 대통령 시계 중 가장 많이 제작하여 보급하였다. 시계 앞면에는 김 전 대통령의 한문 서명, 뒷면에는 영문 이름과 함께 좌우명 '대도무문(大道無門)'이 새겨져 있었다.

노무현 전 대통령은 다른 정권들과 달리 시계 전체를 금속으로 제작했으며, 시계 모양도 기존 원형에서 사각형으로 바꿨다. 시계 뒷면에는 '원칙과 신뢰, 새로운 대한민국 노무현'이라는 문구를 넣었다. 노 전 대통령은 임기 중 총 다섯 종류의 시계를 제작했는데 이는 역대 대통령 중 가장 다양하다. 이명박 전 대통령의 경우 취임 초부터 '가짜 시계'가 유통돼 곤욕을 치렀으며, 특이하게 시계 뒷면에 영부인 김윤옥 여사의 친필 서명이 들어가 있었다. 박근혜 대통령 시계는 취임 초 대통령 시계를 만들지 않겠다고 하여 만들지 않았다가 여당 의원들의 요구가 쏟아지자 취임 6개월 차에 시계를 제작했다. 또 박 전 대통령의 탄핵으로 대통령 권한대행이 된 황교안 전 국무총리는 봉황 문양을 뺀 대통령 권한대행 명의의 손목시계를 제작해 여론의 빈축을 사기도 하였다.

대통령 시계의 공통적인 특징은 어떤 대통령 시계든 정권 초반에는 인기가 있어 구하기가 쉽지 않아 가짜시계까지 유통될 정도지만 시간이 지날수록 대통령의 인기가 떨어지는 만큼 가치가 하락한다. 심지어는 집권 말이 되면 대통령 시계는 중고 사이트에서 헐값에 거래되는 등 인기가 하락하여 권력의 무상함을 보여주기도 한다.

| 인기가 높은 문재인 대통령 시계 |

문재인의 검소함과 청렴

　사람은 누구나 본능적으로 편한 삶과 잘 살고 싶은 마음을 가지고 있다. 조선시대 후기의 실학자 정약용은 욕심을 얼마나 억제하고 다스리느냐의 여부가 진정으로 존경받는 리더나 인간의 평가 기준이라고 생각하였다. 그래서 정약용은 리더가 되기 위해서는 자신의 마음을 억제하고 통솔하는 마음가짐을 중요한 일로 여겼다.

　문재인은 매사 자신의 마음을 억제하고 통솔하는 마음가짐을 위해서 청렴하는 자세를 ㅅ생활화 하였다. 근검 정신은 자신에게 지나칠 정도로 엄격했으며, 항상 검소한 생활을 강조하였고, 지금까지 근검한 생활을 실천하였다.

문재인은 청렴한 공직관을 가진 인물이라는 뜻이다. 그의 검소하고 절제된 생활은 언론에서도 많이 보도가 되어 사람들 사이에 크게 회자되었다.

문재인은 민정수석 시절에 혹시라도 있을지 모를 민원이나 청탁, 혹은 구설을 우려해 일 이외 사람은 만나지 않았다. 만나자는 사람, 찾아오는 사람이 많았지만 제일 좋은 방법은 아예 안 만나는 것이었다. 청와대 근무하는 동안에는 아예 동문회나 동기회 기타 사적 모임엔 가질 않았다. 심지어는 집안 행사 같은 데도 거의 가지 않았다.

한번은 민정수석이 됐다고 대학 동문회에서 마련해 준 자리가 있었다. 문재인을 위해 마련한 자리였고 축하패까지 준비했지만 문재인은 가지 않았다. 그 뒤에 재차 그런 자리를 다시 마련했다며 이번엔 꼭 오라는 요청이 왔다. 난감했기에 딱 축하패만 받겠다고 했다. 그리고 가서 축하패만 받고 바로 나왔다.

또 한 번은 어느 부처 고위직에 있는 동창이 미리 약속이라도 된 듯 비서관에게 말을 하고는 예고 없이 문재인을 찾아온 적이 있다. 비서관이 혼자 들어와 말했다.

"동창 ○○○가 오셨는데요"

문재인은 말했다.

"없다고 해라"

비서관은 고지식하게 동창에게 말했다.

"없다고 하랍니다."

문재인과 비서관이 나눈 얘기를 밖에서 다 들은 그 동창은 민망해 했다. 이후 비서관은 나를 방문할 만한 합당한 사유가 없으면 아예 없다고 하거나 만날 수 없다며 돌려보냈다.

만나야 할 사람을 사무실에서 만나는 경우에도 항상 문을 열어놓았다.

문재인은 청와대 내에서 늘 조심하고 근신하고 절제하는 마음으로 긴장하며 살았다.

노무현 대통령이 박연차 게이트에 연루되어서 노무현의 모든 최측근들이 검찰소환을 당했을 때 유일하게 검찰이 소환하지 못한 인물이 바로 문재인이다. 그때 박연차 게이트 조사 때 검찰은 노무현 대통령 4돈의 8촌에 그 측근들이 간식당까지 조사했다. 그러나 검찰의 철저한 수사도 문재인 만큼은 건들 수 없었다. 이로 인해 문재인은 청렴하고 깨끗한 사람이라고 알려져 있다.

문재인은 참여정부 기간 중에 혹시나 오해를 살까봐 한 번도 변호사 활동을 하지 않았다. 혹시나 자신이 정주의 중요한 일을 하고 있기 때문에 청탁이나 이권을 부탁할 거 같았기 때문에 변호사 활동을 아예 접었다. 민정수석과 비서실장을 지낸 사람이 지푸라기만한 혜택이라도 누리게 될까봐 아예 변호사를 휴업하였다. 참여정부 임기 중 변호사 활동을 잠깐이라도 한 것은, 노 대통령 탄핵변호를 위해 아주 잠시 선임계를 낸 것이 전부였다.

참여정부 임기가 끝나고도 그는 한동안 변호사를 하지 않았다. 모양새가 좋지 않다고 약 8개월을 시골에 처박혀 닭 키우고 상추 키우며 농부로 지냈을 정도다.

문재인은 예전에 렉스턴 구형모델을 직접 운전하고 다녔다. 렉스턴 구형모델은 중고차 시장에 내다 팔아도 몇 백만 원도 나오지도 않는, 그런 차였다. 그는 한 때 대통령 비서실장이었고 민정수석이었다. 그리고 잘나가는 변호사다. 아무

| 손수 운전하는 문재인 |

리 인권변호사였다지만 부산에서 이름대면 모를 리 없는 유명 변호사가 끌고 다니는 게 고작 렉스턴 중고차였다. 그는 대통령이 되기 전까지 공석이든 사석이든 간에 운전기사를 쓰지 않고 손수 운전하고 다녔을 정도로 검소하고 인간적이었다.

문재인 대통령은 2016년 5월 18일 '제36주년 5 · 18 민주화 운동 기념식에 참석하여 무릎을 꿇고 참배하고 있는 영상이 방송을 타면서 문재인 대통령이 신고 있는 구두에 대하여 화제가 되었다. 문재인이 무릎 꿇고 참배하는 과정에서 문재인 대통령이 신고 있는 신발의 밑창이 닳은 것이 여과 없이 보여졌기 때문에 이로 인해 누리꾼들 사이에서 문재인의 구두에 대한 이야기가 화제로 떠오르며 포털사이트에 '문재인 구두'가 검색어로 올랐다. 문재인 구두가 주목을 받게 된 것은 구두를 뒤창이 닳도록 5년 동안이나 신었던 검소한 모습에서도 감동을 받았지만 국회에 장을 만들어 판매행사를 벌인 장애우들의 수제 구두의 제작 애환을 들으며 선뜻 사들고 갔다는 사연도 애틋해서 사람들에게 잔잔함 감동을 주었기 때문이다.

문재인 대통령이 신고 있는 구두는 수제 구두 브랜드 아지오(AGIO)에서 장미대선 유세 당시2012년 가을에 수제 구두를 팔려고 국회에 판을 벌였는데 그때 직접 구입한 구두였다. 아지오(AGIO)는 파주에서 2010년 설립해 4년 동안 경영했던 '구두만드는 풍경'은 청각장애인 6명과 장인이 함께 구두를 만드는 사회적 기업에서 만든 브랜드이다. 아지오의 대표였던 유영석씨는 시각장애인으로서 "국회에서 행사를 할 때 문재인이 직접 와서 애로사항을 들어주면서 즐겁게 한 켤레 사갔다"고 회상하면서 "아직까지 신고 계시리라 생각 못해 깜짝 놀랐다"고 했다.

문재인 대통령이 취임 직 후 다시 아지오 구두를 신고 싶어서 김정숙 여사가 구매하려고 했지만 이미 폐업하고 난 뒤였기 때문에 구매를 하지 못했었다. 그러나 아지오에서 만든 구두가 '문재인 구두'로 유명해지면서 제품을 사고 싶다는 사람들이 많아져 유 전 대표는 라디오 인터뷰를 통해 4년 전 문을 닫았기 때문에 구두를 팔 수 없다고 사연을 알렸다. 아지오를 닫을 수밖에 없던 이유에 대해 유영석 전 대표는 "열심히 일했으나 장애를 가진 사람들이 만든 제품은 아무래도 품질이 낮은 게 아닌가 생각하는 분들이 많았다"고 사회적 편견을 지적하면서 "사람들이 이 메이커 자체를 인정해주지 않았다. 하루에 한두 켤레 팔 때도 있었다"고 답했다. 이어 "(문 대통령 덕에) 구두가 이렇게 회자되니 잠이 오지 않더라. 어머니를 여읠 때보다 더 울었다"고 토로했다.

방송이 나가자 주위에서 "사고 싶다", "우리가 손님을 모아 주겠다. 다시 운영해라"라며 용기를 불어넣어 주는 사람들이 늘어감에 따라 아지오 구두 제작을 재개하기로 하고 '구두 만드는 풍경' 첫 발기인 모임을 가졌다. 그리고 아지오의 예전 모델로 참여했던 유시민 작가와 가수 강원래 등이 참석해 아지오 구두 재개의 뜻을 확실히 다졌다. 아지오는 샘플이 나오지 않은 상태에서도 선주문이 들어와 계약금으로 보내 준 돈으로 재료도 사고 제품을 만들기 시작하였다.

문재인 대통령은 자신의 저서인 '대한민국이 묻는다'의 시각장애인용 오디오북 녹음에 직접 참여하는 등 장애인에 대한 배려도 남다르다.

문재인 대통령의 운동화도 화제를 모았다. 문재인 대통령은 2017년 10월 25일 광주광역시 광주-기아 챔피언스 필드에서 열린 기아 타이거즈와 두산 베어스의 '2017 프로야구 한국시리즈' 1차전에 시구자로 등장했다. 당시 문재인 대통령이 시구를 할 때 신은 운동화는 프로스펙스가 2012년 초 출시된 워킹화 'W Powe 504'를 착용하였다. 문재인 대통령이 시구 때 신었던 운동화는 19대 대통령 선거 운동을 할 때뿐만 아니라, 지난 18대 대선 때도 이 운동화를 신고 선거 운동을 다닌 것으로 알려지면서 누리꾼들은 문재인의 운동화에 대한 관심을 증가시켰다. 하지만 이 제품은 이미 단종된 모델이었기 때문에 일부 누리꾼들은 아쉬움을 나타내며 프로스펙스 측에 'W Powe 504'의 재생산을 요청하였다. 그러나 프로스펙스 측은 "오랫동안, 가끔씩 신어 주시는 것 같아 너무 감사할 따름"이라고 전하면서 'W Powe 504'의 전통을 이어오고 있는 '파워소닉' 라인을 소개했다.

대통령의 운동화에 대한 인기가 높아지자 프로스펙스는 공식 쇼핑몰인 '엘에스엔몰(www.lsnmall.com)'에서 '대통령의 워킹화, 파워라인의 진화'라는 이벤트를 선보이기도 하였다.

문재인은 청와대에 들어가면서 아예 동창회에 얼굴을 비추지도 않았고, 친구들의 연락은 받지도 않았다. 고등학교 동창인 고위 공직자가 문재인의 사무실에 들렀다가 얼굴도

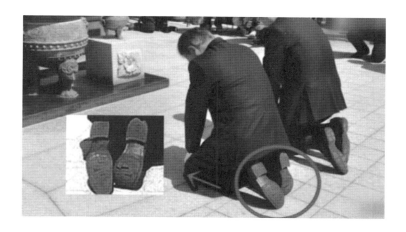

못 본 채 쫓겨난 적도 있으며, 또한 청와대 출입기자단과 단 한차례의 식사나 환담 자리도 갖지 않았다고 한다. 문재인의 이러한 가치관과 행동으로 인해 국민들에게 청렴한 정치인 으로 신뢰받기에 충분하였다.

문재인이 청와대를 떠나 양산에서 변호사를 할 때 사람들은 "청와대 계실 때 재산공개 보니까 많이 벌어놓지 못하셨던데 경제적으로 괜찮은가요?"라는 질문을 하였다.

문재인은 다음과 같이 말했다.

"청와대 가기 전에 벌어 놓았던 것을 청와대 있을 동안 다 까먹었어요. 그래서 생계를 위해 변호사를 해야 해요"

세상이 조금 넉넉해졌다고 재물을 마음대로 낭비하는 요즈음 마음을 억제하고 통솔하는 마음가짐에 대한 문재인의 생활을 되새기면서 진정한 리더가 되도록 노력해야 한다고 여겨진다. 문재인의 이러한 청렴정신은 오늘날 수많은 공무원들이 부정부패에 연루되어 감옥에 가는 우리의 현실에 비추어 볼 때 한번쯤 깊게 새겨볼 내용이다.

대범함을 보여준
문재인 대통령

사람은 살다 보면 감정 조절이 잘 안되는 때가 많다. 그 대표적인 예가 화가 났을 때다. 화가 났을 때 대부분 이성을 잃고 목소리가 높아지거나 행동이 난폭해 진다. 이러한 현상은 주변사람에게 안 좋은 영향을 주고, 자신에게도 좋지 않다. 특히 문재인처럼 사회적으로 유명한 사람들은 감정조절을 한번만이라도 잘못하게 되면 온통 매스컴과 사람들에게 지탄의 대상이 되고 매장당할 수도 있다. 문재인은 여러 가지 큰일을 겪으면서도 감정 조절을 잘하는 것으로 유명하다.

많은 사람들이 노무현 전 대통령 서거 이후 문재인의 모습을 보고 매우 절재력이 강하고, 차분하다고 말한다. 하지만 문재인은 고등학교나 대학교 생활에서 부당한 상황을 보면 화를 참지 못하는 성격이고, 화가 나면 부들부들 떨면서 말을 잘 하지 못하는 성격이었다. 그러나 변호사 생활을 오래 하고, 공직 생활을 겪고 하면서 체면을 차리고 절제할 수 있게 됐다."

문재인은 전형적인 외유내강형 사람으로 여태까지 그가 흥분하거나 목소리 높이는 것을 본 적이 없는 사람이 많다.

노무현 대통령의 죽음으로 누구보다 큰 충격을 받은 사람은 문재인이었지만 그는 꼿꼿했다. 노 대통령에게 문재인은 친구이자 동지 중 한 명이었지만, 인간관계가 노 대통령보다 좁은 문재인에게 노무현은 전부였다고 봐도 과언이 아니다. 그렇게 충격을 받은 상황에서도 냉정함을 유지하면서 노 대통령의 장례를 치른 사람이 문재인이다.

검찰의 강압적인 수사와 함께 이명박 정권에 대한 불편한 마음도 많았다. 그런 와중에 이명박 대통령이 노무현 전 대통령의 분향소를 직접 방문해서 조문한다고 연락이 왔다. 이는 무엇보다 전직 대통령에 대한 예우를 우선해야 한다는 인식에 따른 것이었다.

청와대는 이 대통령의 조문을 결정하고 현지의 격앙된 분

| 고 노무현 대통령에 빈소에 조문 온 이명박 대통령을 맞는 문재인 |

위기로 인해 불상사가 발생할 지도 모르기 때문에 경호팀에 서는 걱정하는 목소리도 나왔다.

시청 앞 영결식장에서 이명박 대통령이 조문하러 들어서 자, 어떤 민주당 국회의원이 "사과하라"며 소리치고 뛰어나 갔다. 일부 흥분한 조문객들도 함께 소리를 질렀다. 그러나 문재인은 상주로서 이 대통령에게 아주 정중하고 깍듯하게 고개를 숙였다. 그 장면에서 모든 사람들은 문재인에게 감동 했다.

만약 문재인이 노무현 대통령이 자살한 원인을 이명박 정 부에 돌렸다면 화를 내거나 불상사가 생겼을 것이다. 그러나 문재인은 모든 감정을 내려놓고 예우를 최대한 하였다.

문재인 대통령은 2017년 11월 1일 오전 여의도 국회의사당에서 2018년 예산안 관련 국회 시정연설을 마친 뒤 퇴장하는 모습에 대해서 언론들은 독특한 문재인 대통령의 퇴장하는 행동에 대해서 다루었다.

문재인 대통령은 시정연설에서 본회의장 입장과 퇴장 순간을 포함해 23차례 박수를 받았다. 그러나 자유한국당, 국민의당, 바른정당 대다수 의원들은 박수를 치지 않았다. 문재인 대통령이 시정연설을 하는 동안 야당인 자유한국당은 손 피켓을 들고 항의시위를 하였으며, 대통령이 퇴장할 때는 일어서서 '북핵규탄 UN 결의안 기권 밝혀라', '공영방송 장악음모 밝혀라', '北(북) 나포어선 7일간 행적 밝혀라'라고 적힌 현수막을 들고 항의시위를 하였다.

국회에서 연설을 마친 대통령은 자신을 반대하는 야당이 있는 곳으로 퇴장하기 보다는 자신을 지지하는 소속 정당이 있는 곳으로 퇴장하는 것이 일반적이었다. 박근혜 전 대통령은 시정연설을 한 뒤 '최순실 게이트' 관련 손피켓을 든 의원을 그냥 지나쳤다. 그러나 문재인 대통령은 일반적이던 자신을 지지하는 더불어 민주당쪽으로 가지 않고 자신에 대해서 항의시위를 벌이던 자유한국당 의석 쪽으로 발걸음을 옮겼다. 문재인 대통령은 30여분 가량 시정연설을 마친 뒤 정세균 국회의장 등 5부 요인과 악수를 나눈 뒤 현수막과 손피켓으로 항의 시위를 하고 있는 한국당 의석 쪽으로 향했다. 그

리고 자신에게 항의 현수막을 들고 있는 자유한국당 의원들에게 악수를 청했다.

자유한국당 의원들은 갑자기 항의시위를 하고 있던 자신들에게 다가와 악수를 청하는 문재인 대통령의 손을 뿌리치지 못하고 한 쪽에는 현수막을 들고 한 손으로는 문재인 대통령과 악수를 하면서 당황한 기색을 보였다. 또 문재인 대통령이 다가가자 자리에 앉아 있던 자유한국당 의원들은 엉거주춤 일어서기도 했다. 문재인 대통령은 자유한국당 의석을 지나 더불어민주당, 국민의당, 바른정당, 정의당 지도부를 거쳐 다시 자유한국당 의석 쪽 출입문으로 퇴장했다. 출입문을 나가기 전에 문재인 대통령은 통로 쪽에 서 있는 자유한국당 의원들과 일일이 악수를 나누며 이동했다. 고 성완종 경남기업 회장 비자금 사건 녹취록 문제로 홍준표 대표와 각을 세우고 있는 서청원 의원과도 악수를 하며 인사했다. 서 의원은 자리에서 일어나 문 대통령과 인사를 나눴다.

시정연설을 지켜본 국민들 중에는 SNS에서 시정연설 내내 항의 시위를 벌인 자유한국당 의원들의 행동을 나무라는 게시물이 이어졌다. 그리고 더불어 민주당 의원들도 페이스북과 트위터를 통해 이같은 사실을 전달하며 자유한국당 의원들의 잘못된 행동을 지적하였다. 특히 박근혜정부 청와대에서 공직기강비서관으로 근무하다가 소위 정윤회 문건 사건으로 고초를 겪은 조응천 의원은 "자유당 의원들이 플래카드 아래로 머리를 감추는 걸 보니 쪽팔린 모양"이라고 비난하기도 했다.

　문재인 대통령도 사람이기 때문에 자신을 반대하는 사람들과 악수를 청하는 것은 불편할 것이다. 더욱이 자신을 반대하는 야당 의원들과도 웃음을 잃지 않고 악수를 청한 것은 문재인 대통령이 사소한 것에 얽매이지 않으며 너그러움을 보였다. 문재인 대통령이 지금까지 보여준 부드럽고 연약한 이미지를 가지고 있던 상태에서 대범한 리더의 모습을 보여준 것에 대하여 국민들은 다시 한번 문재인 대통령의 진정성을 느끼기에 충분하였다. 시정연설 후 문재인 대통령의 자신을 반대하는 야당의원들을 멀리하기 보다는 가까이하려는

| 시정연설을 마치고 야당석으로 퇴장하는 문재인 대통령 |

진정성을 보여준 행동은 자신을 반대하는 사람도 안을 수 있는 리더로서의 대범함을 몸소 보여준 사례라고 할 수 있다.

> ▶ 문재인의 진짜 모습은 노무현 대통령의 장례식과 관련된 일련의 모습에서 아주 분명하고도 인상적으로 나타났다. 모두들 비통하고 격앙되고 흥분한 상황에서 문재인은 가장 절제된 자세로 그 모든 상황을 통제해나갔다. 눈물 한번 보이지 않았다. 그는 속으로 정말 많이 울었다고 한다. 그러나 자신이 책임지고 결정해야 할 일이 너무나 많았기에, 자신의 감정을 표현할 여유조차 없었다. 그러나 눈물 한방울 흘리지 않는 그의 모습이 더 처연했다. 이러한 문재인의 모습에서 국민들은 감동을 받았다.

변호사 활동을 하며 정치권으로부터 러브콜을 받기도 했지만 한사코 거절했다. 특히 2002년 대한민국 제3회 지방선거를 앞두고, 당시 대통령 후보였던 노무현이 몇차례 부산광역시장 출마를 권유했음에도 '나는 참모용'이라며 '더 나은 사람이 출마해야 한다'고 고사하였다.[6]노무현이 대통령에 당선된 이후에도 문재인은 '변호사 업무에 복귀하겠다'는 뜻을 여러 차례 밝혔다.

문재인 정부의
신속한 대처 능력

　문재인 정부는 포항지진 재난 상황에 신속하게 대처함으로 인해 다른 정부가 보여준 대처보다 국민들에게 신뢰감을 주기에 충분하였다. 포항지진 재난 상황은 문재인 정부가 출범한 이후 처음으로 닥친 대형 재난재해 상황이었지만 문재인 정부는 다른 어떤 재난 상황보다 신속하게 대응하였다. 2016년에 경주에서 발생한 지진에 대하여 당시 박근혜 정부의 대응이 부실대응과 늑장대응으로 많은 질타를 받았었기에 더욱 비교되는 대처였다.

　2917년 11월 15일 오후 경북 포항 북쪽 9㎞ 지역에서 리히터 규모 5.4의 지진이 발생했을 때 문재인 대통령은 해외순방 귀국길 비행기 안에 있었기 때문에 국내에 대통령이 있는 것보다 훨씬 재난에 대응하기 어려운 상황이었다. 또한 포항에서 지진이 이루어진 날이 하필이면 전국에서 치러지는 대학수학능력시험을 하루 앞둔 시점이었다. 뿐만아니라 포항은 원전이 밀집한 동남권을 강타하여 원전의 안전을 위협하는 상황이었다. 그러나 문재인 대통령은 귀국 비행기 안에서 국가위기관리센터장으로부터 포항 인근에서 발생한 지진에 대한 상황을 보고받고, 당황하지 않고 즉시 수석비서관·보좌관의 소집을 지시하고, 신속하게 원자력발전소를 비롯한 각종 산업시설의 안전을 철저히 점검할 것을 지시했다.

문재인 대통령은 공항에 도착하자마자 청와대에 복귀한 직후인 이날 오후 4시30분 청와대에서 수석비서관·보좌관 회의를 소집했다. 회의에서 문재인 대통령은 참석자들로부터 국민 피해상황과 원전 안전상황, 차질 없는 수능시험 관리 대책 등을 보고받고 "수능시험 중 발생할 수 있는 모든 상황에 대비하여 대책을 강구하되, 특히 수험생들의 심리적 안정까지도 배려한 대책을 마련하라"고 강조했다.

이 자리에서 문 대통령은 교육부와 행정안전부의 책임있는 당국자가 포항지역 현장에 직접 내려가 수능시험 상황을 관리할 수 있는 체계를 갖출 것을 지시했다. 국토교통부에도 만반의 대비태세를 갖춰달라고 당부하면서 "국민여러분께서도 정부를 믿고 정부에서 전파하는 행동요령을 따라달라"고 하였다.

이낙연 국무총리도 이날 오후 서울 세종대로 정부서울청사에 있는 중앙재난안전상황실 서울상황센터를 방문해 상황점검에 나섰다. 이 총리는 '지진 관련 국무총리 긴급지시'를 통해 각 부 장관들에게 필요한 조치도 지시했다.

포항시의 피해는 시설안전공단과 구조기술사회, 건축사회 등 전문가들을 중심으로 6개 단체 40명으로 점검반을 편성하고 관내 1342개소 건축물에 안전진단을 실시한 결과 사용가능으로 판명난 건물이 1260개소이고 사용제한 56개소, 위험 26개소로 나타났다.

문재인 대통령의 지시로 포항에 내려간 김부겸 행정안전부 장관이 포항 지역 수능 고사장으로 지정된 14개 학교를 점검한 결과 수능을 치르기 어려운 것으로 판단했다. 김 장관은 문 대통령에게 수능 연기를 권고 했고 문 대통령은 고민 끝에 현장의 판단을 수용해 수능 연기를 최종 결정했다. 우리나라에서는 지금까지 대를 위해서 소를 희생하는 일이 많았지만 이번에는 포항의 수능 응시자를 보호하기 위해서 전국의 수험생들이 희생한 사건으로 매우 의미있는 일이었다.

수능 연기가 1주일 뒤로 연기한다는 내용이 발표되자 마자

이에 찬성하는 사람들과 반대하는 사람들의 설전이 시작되고 일부 언론에서는 연기로 인해 피해보는 학생과 사회에 대해서 부각시켰다. 사회는 분열되고 일부 정치권에서는 문재인 대통령의 판단에 대해서 무책임하다는 말까지 하였다. 그러나 여론조사기관인 리얼미터가 11월 23일 공개한 조사 결과를 보면 국민 대다수는 수능 연기를 긍정적으로 평가했다. "잘했다"고 한 83.6% 중 54.9%는 '매우 잘했음', 28.7%는 '잘한 편'이라는 응답을 내놓았다. '잘못했다'고 답한 비율은 12.8%였다. 이번 조사는 전국 19세 이상 남녀 511명을 대상으로 한 유·무선 전화통화로 이뤄졌다.

문재인 대통령은 포항에서 지진이 발생한 후 9일이 지난 11월 24일 포항을 찾아 수험생과 이재민들을 위로했다. 문재인 대통령은 귀국 후 바로 오고 싶었지만 국무총리가 현장 상황을 지휘하고 행정안전부 장관과 교육부총리 등 정부 부처가 열심히 뛰고 있어서 초기 수습 과정이 지난 뒤 방문하는 게 좋겠다고 생각해 수능이 끝나고 포항을 방문하였다. 문재인 대통령은 포항에 와서 "소수자를 배려하는 게 미래의 희망"이라며 2018학년도 대학수학능력시험 연기 배경을 설명했다. 또한 이재민들을 만난 자리에서 신속한 복구와 이재민 지원에 최선을 다하겠다고 약속하였다.

문재인 대통령은 지진 피해를 입어 학교 건물이 손상된 포항여고를 방문해 수험생들과 대화하는 자리에서 "전체 수험생 59만명 중 포항 지역 수험생은 5600명 정도로 1%가 채안 된다"며 "정말 고마웠던 것은 다른 지역의 학생·학부모들이 불평할 만했는데도 수능 연기를 지지하고 포항 학생들에게 응원을 보내주셨던 것"이라고 말했다. 이어 "이런 국민 마음속에 대한민국의 희망이 있고, 늘 소수자를 함께 배려하는 게 우리나라가 발전할 수 있는 미래의 희망"이라며 "늘 어려움을 겪는 사람들, 소수자들과 함께 마음을 나누는 삶을 살면 좋겠다"고 강조했다.

문재인 대통령은 흥해체육관에 대피해있는 이재민들을 찾고 구체적인 후속조치도 약속했다. 문 대통령은 "내진 보강

| 포항여고에 방문한 문재인 대통령 |

공사를 빨리 하고 액상화 현상도 잘 살피겠다. (지진의 원인으로 지목된) 지열발전소 문제도 검토하겠다"면서 "정신적 상처에 대해서는 심리치료 지원과 상담이 중요한 만큼 전문가가 상주하거나 방문서비스를 하도록 하겠다"고 말했다. 학교·서민주거·다중이용시설 안전점검 및 내진 보강, 주택 재건축 촉진 검토, 임대주택 확대, 입주보증금 혜택 확대, 전파·반파 지원금 및 저리 대출 확대, 지역경제 활성화도 약속했다.

문재인 대통령은 이재민들과 같이 밥차에서 시금치무침과 고등어조림 등을 배식받아 체육관 옆 비닐 천막에서 이재민들과 함께 점심식사를 했다. 이어 LH공사가 제공한 이재민 임대아파트를 방문했다. 문 대통령은 이곳에서 이재민 김희숙씨에게 이불 세트를, 김씨는 문 대통령에게 포항 과메기를 선물했다. 그리고 문재인 대통령은 포항 경제 활성화 차원에서 죽도시장을 방문해 과메기 16박스를 구입했다.

문재인 대통령의 포항지진 재난 상황에 대하여 어려운 상황임에도 불구하고 신속하게 대처하고, 수능을 1주일 연기하여 소수자인 포항의 수험생들을 구제한 것에 대하여 국민들은 잘했다는 평가를 하고 이는 문재인 대통령의 지지도에 반영되어 갤럽의 여론조사를 보면 11월 3째주는 73%가 문재인 대통령의 직무수행을 잘하고 있다고 평가하였다.

V 문재인의 놀라운 인재 기용

문재인 외부영입 1호 표창원

　원래 표창원위원은 경찰대교수로서 프로파일러로 각종 방송에서 예리한 추리를 하는 것으로 유명하였다. 표창원이 경찰대학교 교수 시절 지난 18대 대선 직후 국가정보원이 댓글을 통해 정치에 개입한 사건 수사를 촉구하다 경찰대 교수직에서 물러났다. 이 사건은 '국가정보원 여론 조작 사건' 또는 '대선 개입 사건'이라 하는데 2012년 대한민국 대통령 선거 기간 중 대한민국 국가정보원 소속 심리정보국 소속 요원들이 국가정보원의 지시에 따라 인터넷에 게시글을 남김으로써 국가정보원이 대한민국 제18대 대통령 선거에 개입하였다는 사건을 일컫는다.

당시 야당인 민주통합당도 국가정보원의 정치개입에 대한 문제를 강력하게 제기했다. 표창원교수도 2012년 12월, 자신의 블로그 및 트위터를 통해 대한민국 국가정보원 여론 조작 사건에 대한 견해를 표명하는 과정에서 '경찰대의 정치적 중립성을 침해할 수 있다'는 이유로 경찰대학 교수직을 스스로 사퇴했다. 교수직 사퇴 후에도 이 사건의 규명을 위해 활동하였다.

표창원은 교수직 사퇴 이후에 '표창원 범죄과학연구소'를 개설하고 방송국에서 시사프로그램 진행하고 다수의 프로그램에서 프로파일러로 활동하였다. 당시 국민의당과 정의당의 관계자 다수가 입당제안을 하였으나 당시에는 정치에 뜻이 없었고, 정치로부터 떨어져서 살고 싶었기 때문에 거절한 상태에 있었다. 그러다 갑자기 더불어민주당의 문재인 대표가 더불어민주당에 입당하기를 제안하였지만 처음에는 같은 이유로 거절하였다. 그러나 문재인 대표는 표창원의 뜻을 이해했지만 다시 만나기를 원했다. 다시 만나 문재인 대표는 다시 설득하고, 표창원은 시간을 달라고 했다. 표창원은 고민 끝에 '새정치민주연합이 와해되고 분열하는 제1 야당의 모습이 너무 안쓰러웠기 때문이고, 전과 달리 이번엔 부족한 제 힘이라도 보태드려야 한다는 의무감이 강하게 느껴' 더불어민주당에 입당하기로 결정하여 문재인 대표에게 연락하였다. 이로서 표창원은 더불어민주당 인재영입1호로 정치계에 입문하게 되었다.

더불어민주당에 입당한 표창원은 국회 당대표실에서 기자회견에서 표창원은 "더불어민주당은 정통야당으로 민주주의를 지켜온 YS(김영삼 전 대통령)와 DJ(김대중 전 대통령)께서 뜻을 남기셨고, 아울러 노무현 전 대통령의 유훈이 남아있고, 민주주의를 지켜온 정통야당인데 분열된 모습이 안타까웠고, 도움을 청하길래 합류하게 됐다"고 발표하였다. 또한 "정치를 통해 '정의'를 실현하고 싶다"는 포부를 밝혔다. 그는 "그동안 범죄와 수사기관의 불법행위, 권력적 부패와 비리를 '정의의 적들'로 규정하고 비판해 왔는데 이제 '정치'를 통해 실제로 바로잡아 보겠다"고 했다.

표창원은 1966년에 경상북도 포항에서 태어나 어린 시절 가난한 형편 탓에 마음 속에 분노가 많았다. 이소룡 영화에 심취했고, 말썽도 부렸지만 중학교 시절엔 전국 일제고사에서 전국 1등을 할 정도로 성적이 뛰어났다. 불만 많은 표창원의 폭력성을 잠재우고 지혜를 불어넣어준 것은 수많은 책이었고 그 중에서도 아서 코난 도일의 추리 소설에 감명을 받고 주인공 셜록 홈즈를 좋아하게 되었다. 이로 인해 경찰대학에 진학하게 된 배경에는 셜록 홈즈 같은 명수사관(名搜査

官)이 되고 싶었지만 대한민국의 대표적 미해결 살인 사건인 화성 연쇄 살인 사건을 겪으면서 경찰로서 열패감을 느꼈고, 당시 대한민국에는 범죄 수사를 전문적으로 배울 곳이 마땅히 없어 아서 코난 도일의 고향 영국으로 유학을 갔다.

1989년 경찰대학을 졸업하고 1993년 5월 국비장학생으로 영국으로 유학을 갔고 엑서터 대학교에서 경찰학을 수학하였다. 1999년 경찰관에서 사퇴한 뒤로는 경찰대학 전임강사가 되었으며, 연세대학교, 아주대학교, 경기대학교 등에도 출강하였다. 2001년부터 경찰대학 조교수가 되고 2012년 경찰대학 정교수가 되었다.

표창원은 더불어민주당에 입당한 후 4·13 총선을 맞이하여 당원들을 대상으로 더불어민주당의 단합과 필승을 다짐하는 강연을 통하여 사람들의 마음에 감동을 주었다. 이후 표창원은 전국에 많은 강연을 다니며 특유의 명강의로 약자편에서 말을 하여 사람들에게 감동을 주었다. 표창원의 대중성과 친숙한 이미지로 인해 더불어민주당에 대해서도 친숙한 이미지를 갖게 하는데 기여하였다. 표창원은 제20대 국회의원 선거에서 경기도 용인(정) 지역구에 출마하여 2016년 4월 13일 51.4%의 득표율로 국회의원에 당선되었다. 19대 대선에서는 문재인 후보를 수행하며 전국을 다니며 문재인의 돌풍을 만드는데 기여를 하였다. 표창원 의원은 국회의원이 되기 전에도 TV토론이나 시사 프로그램에 나가 상대편을 꼼짝 못하게 하는 토론과 논리적인 답변의 명수로 잘 알려져 있었다. 국회에서도 상대방의 심리를 궤뚫는 송곳질문과 상대방의 난처한 공격에 대하여 답변을 잘하는 것으로도 유명하다.

국회의원이 된 표창원은 자신이 소속된 새정치민주연합에서 경찰과 관련된 최고의 전문가로서 행정안전위원회 위원으로 활동하면서 자신의 전문성을 아낌없이 발휘하였다. 표창원 위원은 더불어민주당에서 세월호특별위원회, 적폐청산위원회, 젠더폭력방지특별위원회, 일자리창출위원회 소속 위원으로서 많은 활동을 하였다. 특히 18세 이상의 국민에게

출처 : 표창원의원 홈페이지 화면

대통령 및 국회의원 선거권과 국회의원 피선거권을 부여하며, 미성년자의 선거운동 제한 규정을 삭제하는 내용을 담은 「공직선거법 일부개정법률안」, 대한민국 국민이라면 연령과 관계없이 정당의 발기인 및 당원이 될 수 있도록 하는 「정당법 일부개정법률안」, 16세 이상의 주민이라면 누구든지 지방자치단체 조례의 제정·개폐 청구 및 주민투표 참여가 가능하도록 하는 「지방자치법 일부개정법률안」과 「주민투표법 일부개정법률안」을 발의하였다.

문재인 외부영입 2호 김병관

    문재인의 외부영입 중에서 웹젠의 김병관 이사회 의장의 영입은 깜짝 영입이었다. 정치와 전혀 상관이 없던 온라인게임사의 임원을 영입한 것은 일반 국민들에게 신선한 영입이었으며, 게임업계 전체의 이목이 집중되기에 충분하였다. 웹젠 김병관 의장은 그전까지 많이 알려진 인물이 아니었기에 언론도 관심이 많았다.

    김병관은 1973년 생으로 어버지가 보내준 주산학원에서 수학실력을 키워 전국 수학올림피아드에서 동상을 받았다. 서울대학교 경영학과에 들어가 회계사가 되려 했지만 '경영과 컴퓨터'라는 동아리 활동을 하면서 컴퓨터 프로그래밍을 배우면서 흥미와 흥분을 느껴 인생이 바뀌어 프로그램 개발자의 길로 들어섰고 프로그래머로서 사회생활을 시작하였다. 이후 카이스트 산업경영학과 공학석사를 마쳤다. 2000년 벤처기업 솔루션 홀딩스를 공동 창업했으며, 2003년 네이버는 당시 폭발적으로 늘어나던 한게임 사용자를 감당하기 위해 한게임 사용자를 감당하기 위해 사이버네트워크 기술력을 보유한 회사가 필요했고, 결국 파트너 회사인 솔루션 홀딩스를 64억에 사들였다. 김병관은 네이버와 합병할 때 받은 돈 모두를 네이버에 투자하고, 주식은 무려 60배로 올라 NHN 게임스의 주식을 사서 대표이사에 올라 회사를 흑자회사로 키워낸다.

2010년 7월 NHN게임스와 웹젠이 합병하자 웹젠의 각자 대표를 맡았고, 현금보유는 많았지만 적자에서 벗어나지 못하던 웹젠에 과감한 투자를 하였다. 그는 '뮤오리진' 국내 출시로 2015년에만 2700억원의 매출을 올리는 등 웹젠의 기업 가치를 폭발적으로 성장시켰다. 2010년에는 웹젠의 자회사로 '더사랑'이라는 사회적 기업을 만들어 중증장애인과 노인들에게 일자리를 만들어주는 일을 하였다. 2012년 6월부터 지난해6월 국회 입성 전까지 웹젠 이사회 의장을 맡았다. 웹젠은 온라인게임 '뮤'로 한국은 물론 해외에서도 잘 알려진

게임사다. 지난해 출시된 모바일게임 '뮤 오리진' 역시 꾸준한 인기를 얻고 있다. 김병관은 현재도 웹젠 지분 26.72%를 가지고 있는 최대주주로 보유주식 평가액은 2,000억이 넘는 자수성가형 창업자로 유명하다.

더불어민주당 문재인 대표는 정치개혁과 총선승리를 위해 새로운 인재영입이 필요하다는 생각에 웹젠 김병관 의장에게 더불어민주당 영입 제안을 하였고 김병관 의장은 더불어민주당 당원이 되어 정치인의 길을 가기로 결심했다.

김병관은 국회에서 기자회견을 열고 입당을 공식화화면서 입당의 변을 통해 "3주전, 문재인 대표로부터 영입 제안을 받았다"며 "20년 가까이 정치와 무관하게 기업에 몸담았던 사람에게 왜 영입제안을 했을까 생각을 많이 했다"고 전했다. 또한 "열정으로 도전하는 청년에게 안전그물을 만들어 주고 싶다"며 "문화콘텐츠산업, 바이오산업, ICT 등 기존 제조업기반의 산업구조를 넘어 새로운 산업구조를 만들어야 한다"고 전했다. 또 이를 위해서는 반드시 비정규직문제, 청년고용문제, 청년주거문제 등 청년세대를 좌절하게 만드는 문제들을 해결해야 한다고 덧붙였다.

김병관 의장은 "저의 평소 모습을 아는 분들은 정치를 왜 하냐고 말린다"면서도 "정치는 특별한 성향의 특별한 집단의 사람들만 하는 것은 아니라고 생각한다. 저처럼 현장에서 일했던 많은 사람들이 정치에 참여해야 세상이 바뀔 것이라고 생각한다"고 덧붙였다.

더불어민주당에서는 정의의 아이콘 표창원 박사, 삼성전자 최초의 고졸 출신 임원인 양향자 상무, 김빈 디자이너, 이수혁 전 대사, 오기형 변호사, 김정우 교수 등을 신규로 영입하였다. 더불어민주당에 영입된 인재들은 당원들의 큰 호응을 받았고 〈더불어 어벤져스〉라 불리며 전국 투어를 했다. 전국투어를 하면서 시작된 것이 〈더불어 컨퍼런스〉였다. 〈더불어 컨퍼런스〉는 CBS방송에서 사회의 각계각층의 인사를 모셔 강연을 듣는 세바시(세상을 바꾸는 시간 15분) 컨셉으로 진행된 컨퍼런스다. 〈더불어 컨퍼런스〉에서 김병관 후보는 시골에서 농사를 지으셨던 아버지 이야기를 시작으로 서울대학교 경영학과 대학생 시절 컴퓨터와 프로그래밍에 대해 관심 갖게 된 이야기, 회사를 창업하고 게임회사 〈웹젠〉으로 성장시키는 과정에서 느꼈던 이야기들을 진솔하게 풀어냈다. 이 날의 강의를 위해 생전처음, 결혼식 때도 안 했던 메이크업도 하고 머리도 만져봤다는 솔직한 표현으로 사람들의 마음을 샀다.

제20대 국회의원선거에서 김병관 후보는 같은 지역 후보로 새누리당 권혁세 의원과 국민의당 염오봉 후보와 경쟁했다. 개표에 앞선 출구조사 결과 1위를 기록했으며 최종

63,698표를 획득, 전체 개표율 중 47%의 지지를 얻으며 당선됐다.

　김병관 의원은 현재 더불어민주당 최고위원으로서 공공임대주택 분양전환 산정기준을 5년 공공임대주택과 동일하게 건설원가와 감정평가금액의 산술평균 가액으로 변경하는 내용을 골자로 하는 「공공주택 특별법 일부개정법률안」, 16세 미만 청소년들이 오전 0시부터 오전 6까지 심야시간대에 PC 게임 이용을 금지하는 '강제적 셧다운제'를 폐지하는 것으로 「청소년보호법 일부 개정법률안」, 「민주유공자 예우에 관한 법률안」을 공동 발의했다.

N포세대의 희망

20대 창업.
시련은 있었지만 모든 것을 건
도전과 투자로 벤처 신화를 쓴 사람.
그는 N포세대의 희망으로 우뚝 섰다.
그는 말한다.
날개 없이 추락하는 청춘들에게
날개를 만들어줘야 한다고.
우리 사회에 안전 그물망을 만드는 것이
그가 정치에 뛰어 들어
꼭 하고 싶은 일이라고.

출처 : 김병관 의원의 블러그

문재인의 삼고초려로 얻은
조응천

　문재인 대표가 영입한 인물 중에서 가장 논란이 컸던 것은 조응천 전 청와대 공직기강비서관을 영입하였을 때이다. 조응천 전 비서관은 박근혜 정권에서 박전대통령의 동생인 박지만의 추천으로 청와대 민정수석실 공직기강비서관을 역임하였기 때문이다.

　조응천은 1962년 대구에서 출생하여 서울대학교 법과대학을 졸업하였다. 1986년 사법시험에 합격하여 해군법무관으로 근무하다 서울지방검찰청 검사를 시작으로 검사가 되었다. 2000년에는 김대중 전대통령 비서실 민정수석실 행정관을 지냈으며, 2005년에는 수원지방 부장검사를 지내다. 2005년에는 김앤장 법률사무소 변호사를 거쳐, 2008년에는 국가정보원 원장 특별보좌관을 거쳐 2013년 3월부터 2014년 4월까지 박근혜 정부에서 청와대 민정수석실 공직기강비서관을 역임하였다.

조응천은 비서관시절 소위 청와대 '문고리 3인방' 등 비선 실세의 국정농단과 전횡을 견제하다가 해임된 후, 2014년 11월 28일 발생한 정윤회 문건사건 직후 박근혜 대통령에 의해 '국기문란사범'으로 지목되고 청와대의 가이드라인에 따른 검찰수사에 따라 구속영장이 청구되었으나 기각되고, 1, 2심에서 무죄를 선고받았으나 검찰의 상고에 따라 현재 대법원에서 재판이 계속 중이다. 조응천은 1심에서 무죄가 나자 마포구 홍익대 앞에서 건축가 아내와 함께 횟집 '별주부짱'을 개업하였다. 그는 당시 언론과의 인터뷰에서 음식점을 개업한 이유로 "아직 창창한 나이에 무직으로 놀 수 없었기 때문"이라며 "변호사나 공무원 같은 정신노동을 하는 게 무서웠다"고 말했다. 더욱이 조응천 전 비서관은 청와대 문건유출 파동을 겪으면서 "세상이 무서웠다"고 말했다. 그 이유는 30%의 사실에 70%의 허구를 섞어서 사실인 것처럼 발표하는 청와대나 검찰, 그리고 아무런 의심 없이 이를 사실인양 대서특필하는 언론, 그리고 이런 발표나 보도를 사실로 믿어

버리는 세상이 모두 한통속으로 여겨졌다는 것이다.

당시 자신의 직업란에 '식당매니저'라고 적을 만큼 '별주부 짱'에 대한 열의가 컸었다. 문재인대표는 횟집에 찾아와 조응천 전비서관에게 영입을 제안했으나 정치나 권력에 대한 두려움이 컸었기 때문에 거절했다. 그러나 문재인대표는 조응천 전비서관의 거절에도 불구하고 수시로 찾아와 간절히 영입을 제안하였다. 조응천 전비서관은 지속적으로 찾아오는 문재인 대표에 대해서 미안한 마음도 생기면서 믿음감이 생기기 시작하였다. 조응천 전비서관은 처음에는 그다지 정치에 입문하고 싶은 생각이 없었지만 "자신이 겪은 아픔을 다른 사람이 겪지 않도록 하는 게 우리가 해야 할 정치 아니겠냐."라는 문재인 대표의 말을 듣자 비로소 결심이 섰다고 한다. 이때 자리에 함께 있던 부인은, 조응천 의원이 자주 입고 다니는, 땡처리로 구입한 만원도 안되는 회색 후리스 스웨터를 '남편을 잘 부탁한다는 뜻의 징표'라며 문재인 대표에게 선물했다고 한다. 문재인 대표는 그후 후리스를 자주 입고 다니며 커플룩을 인증하기도 하였다. 조응천 전비서관의 부인은 남편이 정치에 입문하려거 할 때 "이혼하려면 하라"고 할 정도로 강력하게 반대했다. 하지만 문재인 대표를 보고 남편의 정계입문을 허락했다.

조응천 전비서관의 갑작스러운 영입으로년 "내 대선을 앞두고 청와대의 비리를 가장 잘 알고 있기 때문에 청와대를 겨냥한 것이 아니냐?"는 일각의 관측에 대해 조 의원은 "터무니없는 추측"이라고 했으며, 실제로 자신이 청와대에서 근무할 당시에 취득했던 비밀에 대해서는 엄수를 하였다.

제20대 국회의원 선거를 앞두고 영입되었기 때문에 급작스럽게 영입된 상황에서 마땅한 지역 연고도 없었기 때문에 출마 지역을 놓고 시행착오와 논란을 겪었다. 결국 불출마 선언을 했던 더불어민주당 최재성 의원의 지지를 받아 최재성 의원의 지역구인 경기도 남양주시 갑 선거구에 출마하였다. 당시 상대 후보는 새누리당 심장수 후보로 남양주시에서 토박이로 3선 위원이었던 반면, 조응천 후보는 남양주시와는 어떠한 연고도 없는 정치 초년생이었기 때문에 승리를 기대하기가 어려웠다. 그러나 최종 개표 결과 32,785(40.07%)를 얻어 새누리당 심장수 후보를 249표 차이로 아슬아슬하게 꺾고 당선했다. 이는 정권 심판론이 좀 더 강하게 작용한 결과로 풀이된다.

조응천 의원은 국회의원이 당성되고 나서 당선사로 "자영업자로 살면서 겪은 서민들의 아픔에도 민감하게 귀 기울이고, 공감하는 노력을 게을리 하지 않겠다"고 밝힌 바 있다. 그는 당선 이후에도 퇴근 후 자신의 가게를 찾아 손님들의 목소리를 듣는 것으로 알려져 있다.

| 국회의원에 당선되고 나서 |

　조응천 의원은 겉모습으로 보나 그 동안의 경력으로 보나 상당히 무게있어 보이는 인상이지만 방송이나 인터넷 상에서는 격의 없고 소탈한 모습을 보여주곤 한다. 대한민국 검찰청과 청와대 민정라인에서 근무했던 사람이 맞나할 정도로 방송에서는 유머있게 핵심을 짚어 말하고, 페이스북과 트위터에서 활발하게 활동하고 있다. 더불어민주당 입당 이후 나온 출연 모습에서 뽀로로를 닮았다는 평이 꽤 올라왔고, 선거 유세 과정에서도 실제로 뽀로로 탈인형이 줄곧 등장했다.

　조응천 의원의 활동에 대하여 각종 언론과 국민들은 통쾌하고 호감간다는 말들이 나왔다. 애초에 더불어민주당에서 영입한 가장 큰 이유가 청와대 내부 사정에 밝다는 이유에

박근혜−최순실 게이트의 실상을 수년 전부터 접했던 사람
이라는 이유인데, 공직상 기밀 누설 혐의로 형사소추 당하지
않는 선에서 청와대, 검찰의 대응 플랜을 어느 정도 예측하
고 분석하는 글을 페이스북에 올려 국민들의 관심도가 매우
높은 의원이 되기도 하였다.

문재인의 수호천사 김병기

　김병기 의원은 1961년 경상남도 사천에서 태어나 경희대학교 국민윤리학과를 졸업하였다. 국가안전기획부에 입사하여 2013년 국가정보원 인사처장을 끝으로 퇴직하기 전까지 20년간 국정원에서 일해 왔다. 특히 다른 분야에서 잠시 근무했던 것을 제외하고는 20년간 줄곧 인사 파트에서 보임, 승진, 채용, 인사자료관리 등 인사와 관련한 모든 분야에서 근무하였기에 인사 분야에서 독보적인 지식과 정보를 보유하고 있다. 김병기 전 처장은 국정원에 재직하면서 인사를 통하여 국정원을 정예조직으로 만들어 조국에 이바지한다는 뿌듯한 자부심을 가지고 근무한 성실한 처장으로 알려져 있었다.

김대중 정부 때 인수위원회에서 또 노무현 참여정부 때는 국정원 개혁 TF에서 근무하면서 국정원을 정권을 위한 조직 아니라 국가를 위한 정보기관으로 거듭나도록 그렇게 노력을 한 바 있다. 2013년 국정원을 퇴직한 후 국정원 개혁을 강력하게 주장했다. 2015년에는 국정원 해킹 프로그램 도입 논란이 불거지자 새정치민주연합 측 대응팀인 '국민정보 지키기위원회'에 외부 전문가로 참여하기도 했다.

문재인 대표는 대선을 앞두고 국정원의 선거 개입이나 댓글 사건이나 개표조작과 같은 부정선거를 방지하기 위하여 국정원을 잘 아는 정보 전문가가 필요했다. 이러한 적임자로 김병기 전 국가정보원 인사처장을 발탁하여 영입을 제안하였다. 김병기 전 처장은 평생을 공직자로 살아왔기 때문에 평생 당적을 가질 것이라고 생각하지 않았지만 문재인 대표의 영입 제안에 대하여 고민 끝에 수락하고 더불어민주당에 입당하였다.

더불어민주당에서는 김병기 전 처장의 입당에 대하여 "이번 총선과 대선에서 두 번 다시 국정원이 선거개입을 못하도록 원천 차단하는 것은 물론이고, 우리당과 국민이 국정원의 불법과 일탈을 감시하고 통제하여 국민의 신뢰를 받는 유능

한 정보기관으로 거듭나게 하는데 큰 역할 해주실 것으로 기대한다"고 하였다.

김병기 전 차장은 입당식에서 "저는 20년간 정보기관의 인사와 조직효율성을 위해 일해 왔습니다. 국가와 국정원을 어떤 방식으로 운영하고 혁신하면 신뢰받는 정부와 조직으로 나아가게 할 수 있는지에 대한 실무와 이론을 정립하고 있습니다. 저의 미력한 경륜을 높이 사 함께 일해보자는 더불어민주당과 문재인 대표님의 제안에 감사히 응하고 제가 가진 지식이 당과 국민을 위해 소중히 쓰이기를 바라는 마음입니다"라고 하였다.

김병기 전 처장이 더불어민주당에 입당하자 김종인 당시 선거대책위원장의 전략공천으로 서울 동작 갑에서 출마하도록 제안을 받았다. 문재인 대통령은 총선 선거운동 마지막 날 페이스북과 트위터를 통해 "열 손가락 깨물어 안 아픈 손가락이 있겠습니까만, 저는 이번 총선에 출마한 후보들 가운데 두 사람(남양주 갑 조응천 후보, 동작 갑 김병기 후보)이 계속 눈에 밟힙니다"며 지지를 호소하면서 "조응천 후보는 청와대에서 강직하게 일하다 고초를 겪었습니다. 김병기 후보 역시 국정원에서 우직하게 일하다 시련을 겪었습니다. 둘 다 정권에 찍힌 사람들입니다"며 "권력기관들이 뭔 장난을 칠지도 걱정이고 혹여 떨어지면 가만 둘까도 걱정입니다"라고 말할 정도로 김병기와 조응천 두 사람을 각별히 아꼈다.

결국 정치 초년생이던 김병기 후보는 서울 동작구 갑 선거구에서 새누리당 이상휘 후보에 2,001표 많은 40,046표(36.54%)를 얻어 국회의원에 당선되었다. 양 후보의 경쟁은 개표 중반이 되어도 당선 윤곽이 쉽게 드러나지 않아 새벽 2시가 넘어서까지 표 대결이 이어지며 손에 땀을 쥐게 했다.

김병기 전 처장이 국회의원에 당선된 후에는 제19대 대통령선거 더불어민주당 문재인후보 국민주권선거대책위원회 상황본부 제1부실장을 맡아 문재인 대통령의 안보 수호천사를 자임해왔다. 실제로 김병기 의원은 대선 당시 혹시 모를 사태 등에 대비해 문재인 후보의 공식 일정에 그림자처럼 따라다니며 호위무사 노릇도 한 것으로 알려졌다. 김병기 의원의 문재인 후보에 대한 충성은 2016년 말 대중 집회에서 "세상 사람이 모두 부패한다고 해도 그분(문재인)은 부패하지 않을 것"이라고 말하는가 하면, "그 사람(문재인)이 대통령이 되면 목 놓아 울고 싶다" "저는 그 사람(문재인)의 그림자가 될 것"이라는 등 공개적인 '충성 맹세'를 하기도 했다. 이러한 김병기 의원을 문재인 대통령도 각별히 생각하는 것으로 알려져 있다. 김병기 의원은 현재 새로운 대한민국위원회 위원, 더불어민주당 적폐청산위원회 간사 등을 역임하고 있다.

김병기 의원은 문재인 대통령의 취약 부분이라 할 수 있는
정보 관련 부문에서 큰 몫을 할 것으로 예상된다. 또한 어떤
식으로든 국가정보원을 견제할 수 있는 안보·정보 관련 공
직에 등용될 가능성이 커 보인다.

　　현재 김병기 의원은 현행법상 비식별조치와 관련된 내용
을 보다 구체화하고, 비식별조치를 통하여 생성된 비식별정
보를 처리하는 과정에서의 안전성 확보 의무 및 위반 시 처
벌 조항 등을 신설함으로써, 정부의 가이드라인이 아닌 법률
에 비식별조치를 규정하여 개인정보 보호를 강화하려는 개
인정보 보호법 일부개정법률안, 장성급 군인 징계 가능하게
하는 '박찬주 갑질 징계법', 병사 등 상해보험제도 도입을 위
한 상해보험기금계정 신설을 내용으로 한 군인복지기금법
일부개정법률안, 226개 모든 지자체에 특수학교를 의무설치
법 등을 대표 발의하였다.

| 김병기 의원 블러그 |

더불어민주당의
이미지를 바꾼 손혜원

　손혜원 의원은 1955년 서울 마포에서 출생하여 숙명여고를 졸업하였다. 원래는 건축과를 가고자 했으나 고3 때 진로를 바꾸어 홍익대학교 응용미술학과를 졸업하였다. 그리고 홍익대학교 대학원 시각디자인과를 졸업하였다. 손혜원은 원래 유복했던 집안이었으나 대학교 시절에 집안이 어려워져서 과외 및 아르바이트로 등록금과 생계를 벌어야 했다고 한다.

　손혜원은 대학을 졸업 후 현대양행(현재 한화그룹) 기획실에 취업하였다가 브랜드를 만드는 회사인 크로스포인트를 공동 설립하였다. 1988년에는 서울올림픽 문화예술축전 로고 및 포스터로 이름이 알려지기 시작했으며, 1990년 크로스포인트를 완전 인수하면서 시각 디자이너에서 브랜드 디자이너로 전환했다. 그녀는 소주 처음처럼, 소주 참이슬, 소주 산, 청주 청하, 홍삼 정관장, 생수 진로 석수, 아파트 브랜드 '힐스테이트', 아파트 브랜드 Liga, 아파트 브랜드 iaan, 밥솥 쿠첸, 대상그룹 로고, 엔제리너스 커피, 부채표 동화약품 상표, 소화제 까스활명수, 소화제 미인활명수, 연고 후시딘, 해열진통제 판콜, 아기 기저귀 보솜이, 휴지 깨끗한 나라, 김치냉장고 딤채, 생리대 매직스[2], 화장품 식물나라, 화장품 이니스프리, 드럼 세탁기 트롬, TV 엑스캔버스, 보리차 하늘보리, 음료 미녀는 석류를 좋아해, 김치 종가집 김치, 청정원 순창고추장, 세탁용 합성세제 비트, 담배 레종, 한국타이어 로고, 티 스테이션 로고, 두산 베어스, 생활용품점 다이소, 학습지 신기한 한글나라 등 다수의 브랜드를 만들어서 기업이나 상품의 이미지를 구축하는 CI, BI 디자인 및 브랜드 업계에서 '미다스의 손'이라 불릴 만큼 히트 브랜드를 잇달아 성공시켰다. 손혜원은 일상생활에서 매일 접하는 많은 상품들이 그녀의 손을 거쳐 히트상품이 되었으며, 디자인뿐만 아니라 네이밍 분야에서도 독보적인 전문가로 인정을 받았다.

2006년에는 경상남도 통영시 브랜드 '바다의 땅' CI 개발을 인연으로 나전칠기의 대가 중요무형문화재 제10호 나전장 송방웅의 작품을 접하게 되면서 나전칠기를 본격적으로 수집하였고 2012년에는 나전칠기뿐 아니라 다른 전통 공예품도 현대적으로 재해석해 각종 생활용품으로 만들어내는 '하이핸드 코리아(Highhand Korea)'를 창업하였다. 이후 2014년 10월 전통공예 활성화를 목적으로 재단법인 크로스포인트문화재단을 설립하고 11월 1일에 한국나전칠기박물관을 개관하였다.

손혜원은 평생을 광고계에 종사한 대한민국의 최고의 브랜딩 디자이너라고 할 수 있다. 정치권 입문전에도 고 김근태 의원 후원회 책자 및 홍보물, 노무현재단 로고, 2012년 대선의 문재인 캠프 담쟁이 로고 등을 디자인했다. 이런 인연으로 통합민주당 고 김근태 전 의원이 국회의원이었을 때 브랜드네이밍 전문업체 '크로스포인트'로 매달 40만 원씩 기부하며 친분을 맺어 왔다. 그리고 고 신영복 성공회대 교수와 인연이 있어 처마포구를 기반으로 하는 정청래 전 의원과 친분이 있었다. 더욱이 문재인 대통령의 아내 김정숙 여사와 숙명여중과 숙명여고 6년 동창으로 절친한 사이이다.

당시 새정치민주연합은 계속 떨어지는 지지율과 고루한 이미지를 가지고 있어서 20대 총선에서 승리하기 위해서는

당의 이미지와 새로운 인재가 필요했다. 그래서 문재인 대표는 당의 이미지 쇄신에 적임자로 손혜원을 선택하였고 영입을 제안하였다. 손혜원은 정치인으로 보다는 홍보를 도와주기 위해서 홍보위원장으로 당에 합류했다. 당시 손혜원 대표는 정파적 성향을 드러내지 않았기 때문에, 파격적인 인사라고 평가를 받았다.

문재인 대표눈 손혜원대표의 영입을 발표하는 자리에서 "손혜원 대표는 기업이나 상품이미지, 디자인 그리고 네이밍, 로고 디자인에서 대한민국 최고로 평가받는 분"이라며 "이제부터 우리당의 이미지를 전면 쇄신하고, 브랜드 전권을 갖고 총괄할 것"이라고 소개했다.

손혜원 위원장은 이에 "로고나 브랜드를 만들었지만 중요한 것은 사람을 움직이는 것"이라며 "이제는 지금까지 하지 않았던 다른 목표로 사람을 움직여야 한다. 브랜드를 만들 때는 주변을 살피는 게 중요하다. 오늘부터 그런 일을 하겠다"고 했다.

손혜원은 당에 들어와 당 홍보의 구원 투수로 대활약을 하게 된다. 먼저 '새정치민주연합'이라는 당명을 버리고 '더불어민주당'이라는 당명부터 로고까지 홍보업무를 총괄하였다. 그리고 현수막이 걸리는 지역적 요구를 잘 파악한 새누리당의 현수막에 비해 크기도 작고 내용도 부실한 것을 지적하고, 대대적인 개편 작업에 착수했다. 또한 당의 이미지를 바꾸기 위하여 정치인들이 사사로운 자기 고백을 하자는 '셀프 디스'를 기획하여 국민들의 당에 대한 긍정적인 여론을 만들어 냈다. 당내 계파갈등이 심할 때에는 문재인 당시 대표를 지지하였으며, 박근혜 정부에서 만든 국가브랜드 '크리에이티브 코리아'가 프랑스의 슬로건을 표절했다는 의혹을 제기하였다. 뿐만아니라 SNS나 방송에 출연하여 두루뭉술한 정치인의 화법과 달리 직설적이면서 사람들의 속을 시원하게 해주는 '사이다 발언'을 자주하여 SNS를 중심으로 지지층의 신임이 두텁다.

2016년 3월 비례대표 1번을 제의받았지만 현역 국회의원 정청래가 공천 2차 컷오프의 대상이 되자 지역을 잃을 가능성이 높아지자 지역구 국회의원 선거 후보자를 자청하였다, 마포구(을)에서 정청래와 함께 선거 운동을 하여 제20대 국회의원 선거에서 49,455표(42.29%)를 얻어 새누리당 김성동 후보를 꺾고 당선되었다.

국회의원이 되어서는 전임자였던 정청래 전 의원 만큼이나 각종 사안에 강경한 모습을 보여줘서 민주당의 강성 개혁파 정치인으로도 분류되고 있다. 활발한 의정활동과 함께 방송에 출연하여 국민들의 속을 시원하게 하는 직설적이고 강경한 발언을 자주 하여 국민들에게 신뢰감과 인기를 얻었다.

19대 대선에서는 제19대 대통령선거 더불어민주당 문재인후보 국민주권선거대책위원회 홍보본부 부본부장을 맡아 문재인 대표를 대통령으로 만드는 일에 기여를 하였다.

출처 : 손혜원 페이스 북

약자의 수호신 박주민 의원

　박주민 의원은 원래 민주사회를 위한 변호사 모임 사무차장과 참여연대 부집행위원장으로서 주로 권력형 비리나 횡포, 대국민 착취 등 정권의 부정이나 부도덕한 부분을 파헤치고 사회적 약자들의 권익을 위해서 변론을 해왔다. 특히, 2014년 4월16일 세월호 참사 이후에는 희생자인 단원고 학생 유족들의 변호를 맡으며 '세월호 변호사'로 널리 알려졌다. 이 때문에 민주당 내 진보적 성향의 지지층으로부터 좋은 평가를 받고 있었다.

　문재인 대표는 새로운 정부가 들어서면 국민인권을 지키

기 위하여 국가권력에 의해 국민의 권리가 침해되는 것을 막기 위해서 노력하는 박주민 변호사 같은 사람이 필요하다는 생각에 영입을 제안하였다. 박주민 변호사는 현장에서 약자들을 위한 변호활동을 많이 했지만 번번히 거대한 공권력에 의해서 자신의 노력이 물거품이 되는 것을 경험했다. 특히 세월호 침몰 사고 진상 규명이 제대로 되지 않는 것을 겪으며 변호사로서 한계를 느꼈고, 근본적인 문제를 해결하려면 결국 법을 만들거나 정치가 필요하다는 판단을 하고 있었기 때문에 영입 제안을 받아들였다. 이렇게 해서 박주민 변호사는 더불어민주당의 17번째 영입인사로 입당하였다.

2016년 1월 25일 박주민 변호사는 입당 인사에서 "권력을 통해 만들어진 문턱을 낮추는 것이 민주주의"라며 "국민이 쉽게 정치에 참여할 수 있고 정치인이 국민 앞에서 겸손할 수 있는 정치를 만들겠다"고 강조했다.

당시 박주민 변호사는 약자들의 권익 증진을 위한 활동은 많이 했지만 정치적으로 경험이 부족했기 때문에 더불어민주당에서는 마땅한 지역구를 찾지 못해 고심하였다. 그러던 중 갑자기 더불어민주당은 3월 20일 박주민 변호사를 이미경 의원의 지역구인 서울 은평 갑 후보로 전격적으로 전략 공천 했다. 은평 갑은 더불어민주당의 5선 의원인 이미경 의원의 지역구 였는데 더불어민주당의 컷오프에서 탈락하여 6

선 도전이 좌절되어 갑자기 마땅한 인재를 찾기가 어려웠던 지역이다. 더욱이 최홍재 새누리당 후보는 박근혜 대통령의 지원을 받으며 대통령비서실 정무수석실 선임행정관 경력을 가지고 오랫동안 지역구를 관리해왔기 때문에 어려운 상대였다. 더큰 문제는 박주민 변호사가 은평 갑 후로 공천받은 시점이 3월 20일이기 때문에 총선은 2016년 4월 13일에 실시했기 때문에 불과 20일도 남지 않은 시점에 은평 갑 선거구의 국회의원 후보로 제안했기 때문에 어느 누구도 국회의원에 당선될 것이라고 보지 못했다. 원래

더욱이 선거 유세를 해보지 않아서 어색하게 명함을 건너는 박주민 변호사를 국회의원으로 후보로 생각하는 사람들도 거의 없는 듯하였다. 그러나 이미경 전 의원을 비롯한 기존의 당원들, 선거캠프에 있던 분들이 적극적으로 도와주었다. 선거 말미에는 자원봉사자들께 많은 은혜를 입었다. 특히 세월호 유가족 분들이 찾아와 선거 운동에 자신의 일처럼 열정적으로 도와주었다.

막상 총선 날이 투표함을 개봉하자 기적같은 일이 발생했다. 박주민 후보는 경쟁자인 최홍재 새누리당 후보를 1만 4478표 차로 제치고 54.9%의 과반 득표를 해서 국회의원으로 당선되었다.

박주민 변호사는 1973년 서울에서 출생하여 대원외고를

졸업하고, 서울대 법학과를 입학하여 후에는 인권운동에 관심을 가지게 되었다. 서울대 법대를 졸업하고 사시에 합격한 후(45회) 법무법인 한결·이공 등에서 변호사로 활동하였다. 2012년부터 2년간 민주사회를 위한 변호사모임(이하 민변) 사무차장을 역임해왔으며, 쌍용자동차 해고 노동자 사태와 밀양 송전탑 피해 주민, 해군기지건설에 반대하던 제주 강정마을 주민, 세월호 참사 관련 정부의 무능력과 불법적 공권력에 대항해 사회적 약자의 권리를 보호하기 위하여 음지에서 노력해왔다. 또한 2009년 야간집회금지 헌법 불합치 판결과 2011년 차벽 위헌판결을 이끌어 냈고, 이명박 정부와 현 정부 들어 빈번해진 경찰의 차벽, 불법 채증, 인권침해에 적극 대응해온 인권 변호사로서 최근에도 경찰의 물대포 남용에 대한 헌법소원를 제기하는 등 언론과 표현의 자유 보장을 위해 노력하여 왔다.

박주민 변호사는 국회의원이 되어서 남들보다 열심히 노력하였다. 그 결과 2016년 11월 한 달 동안에만 52개 법안을 발의한 것과 항상 백팩을 매고 여기 저기 다니는 모습과 틈만나면 아무 책상 위에서 잠을 자는 모습이 온라인상에 퍼지면서 '거지 갑 의원', '일 중독 의원' 등의 별명도 얻었다. 이러한 이유로 시사저널의 '차세대 리더' 설문조사 정치 분야 11위에는 선정되기도 하였다.

박주민 의원은 세월호 변호사라는 별명처럼 세월호 참사 및 가습기 살균제 사건같은 사회적 참사의 진상규명을 위하여 '사회적 참사법'을 발의하였으며, 이 법안을 통과시키기 위하여 국민의당, 바른정당, 자유한국당 의원들을 설득시켜 336일만에 국회를 통과시켰다. 덕분에 그의 숙원이었던 세월호 참사 및 가습기 살균제 사건을 조사하기 위한 특별조사위원회가 꾸려지게 되었다.

　　박주민 의원은 포괄임금제와 같은 변칙적인 임금계약을 금지해 노동자가 장시간 근로환경에 내몰리는 현상을 근절하는 '근로기준법 일부개정법률안', 국민이 국가와 공공기관의 위법한 재정 행위를 감시하고 손해를 회복할 수 있도록 하는 '재정 민주화를 위한 국민소송법안'을 대표 발의했다.

출처 : 박주민 의원 홈페이지

문재인의 절묘한 인사
이낙연 국무총리

문재인 대통령은 변호사출신으로 법률을 연구하고 법률을
해석하는 법조인이다. 법조인들은 직업적으로 법의 옳고 그
름을 따지는 일을 하기에 평상시에 사회의 정의를 논하는 일
에 익숙하고 논리적이라고 할 수 있다. 그러나 정치인은 자
신이 소속된 정당의 이익을 추구하기 위하여 다양한 차이와
이견을 가지고 있기 때문에, 서로 다른 의견을 조정하기 위
하여 대화와 협상과 타협하는 일에 익숙하다. 따라서 법조인
들은 정의라는 기준에 경직되기 쉬우나, 정치인들은 대화와
타협을 하기에 유연하다고 할 수 있다. 따라서 법조인들은

정치인으로 성공하기가 어려운 것이 현실이다. 문재인 대통령도 법조인이기 때문에 정의를 구현하려는 강한 의지가 보이는데 이러한 의지는 대화와 타협에 가끔 걸림돌이 되기도 한다. 이러한 문재인 대통령의 법조인으로 가지고 있는 정치적인 단점을 보완한 인사가 바로 이낙연 국무총리의 임명이었다.

문재인 대통령이 이낙연 총리를 임명한 이유에는 여러 가지 배려가 있다. 첫째는 정치적 상상력과 소통 능력이 뛰어나 성공적으로 전라남도 도지사 역할을 수행하고 있었다는 점이다. 둘째는 여야를 막론하고 폭 넓은 인간관계를 가지고 있어서 누구와도 대화나 소통이 가능하다는 평가이다. 셋째는 호남에서 '호남 홀대론'과 '반문 정서'가 존재하여 대선에서도 불안감이 있었으며, 대통령이 되어서도 호남의 절대적인 지지를 받는 인물이 필요성에 가장 적합한 인물이라는 점이었다.

문재인 대통령은 19대 대통령 선거가 실시된 2017년 1월 대선 첫 방문지로 광주 무등산을 방문했고, 1월 23일에는 전남 나주 광주·전남공동혁신도시를 찾았으며, 2월에는 전남 여수를 방문한 자리에서 "다시는 호남 홀대론이 나오지 않도록 하겠다. 총리부터 시작해 인사도 확실히 탕평 위주로 해서 호남홀대는 말할 것도 없고 전국적으로 지역이 통합되는

새로운 대한민국을 만들 것"이라고 밝혔다. 문재인 후보의 선택은 옳았던 것으로 결과가 나타났다. 민주당 호남 경선에서 문재인 후보는 득표율 60.2%를 얻었고, 안희정 충남지사 20.0%, 이재명 성남시장 19.4%, 최성 고양시장 0.4%로 나타나 당내 경쟁자들을 압도했다. 19대 대통령 선거에서는 전남만 보면 문재인 후보는 59.9%를 기록했고 안철수 후보는 30.7%로 두배 가까운 차로 이겼다.

문재인 대통령은 취임하고 나서 이낙연 총리 후보자를 지명한지 21일 만에 국회는 본회의를 열어 이 총리 후보자 임명동의안에 대한 무기명 투표를 실시, 출석의원 188명 가운데 찬성 164명, 반대 20명, 기권 2명, 무효 2명으로 가결했다. 이낙연 국무총리는 문재인 정부의 초대 국무총리가 됐다.

이낙연 국무총리는 1952년 전라남도 영광에서 태어나 서울대학교 법학과를 졸업하였다. 대학을 졸업하고 동아일보에서 정치부 기자로 재직하여 21년간 언론인으로 살아왔다. 이후 김대중 대통령의 발탁으로 전남 함평·영광에서 국회의원으로 출마하여 정계에 입문했다. 19대 국회까지 내리 4선을 했다. 또한 새천년민주당 대변인을 거쳐 2002년에는 대선 당시 선대위와 노무현 대통령 당선자 대변인 등 모두 5차례나 대변인으로 발탁되어 활동했다. 2012년에는 제18대 대통령선거 민주통합당 공동선거대책위원장을 하였다. 2014년 지방선거에는 새정치민주연합 소속으로 전라남도 도지사 후보로 출마하여 77.96%를 득표하여 전라남도 도지사가 되었다. 이낙연 총리의 별명은 '5선 대변인', '엄지족', '일본통', '젠틀맨', '이 주사' 등 다양하게 불린다. '이 주사'라는 별명은 전남도지사 재직 당시 '완벽을 추구하는 업무 스타일'에 담당 직원들도 혀를 내두르며 공무원들이 붙여준 것이다. 문재인 대통령은 더불어 민주당 경선 기간에 두 번을 만났는데 처음에는 구체적인 제안을 하지 않았지만, 두 번째 만남에서는 국정 동반자로서 총리직을 제안한 것으로 예측된다. 이낙연 총리 후보 지명은 호남 출신에 비문재인계 인사로 온건·합리적 성향으로 '탕평인사'라는 평을 받았다.

문재인 대통령은 2017년 5월 31일 이낙연 국무총리에게 임명장을 주는 자리에서 "헌법에 규정된 국무총리의 권한을 실질적으로 보장하겠다"고 약속했다. 이 총리도 '유능하고 소통하며 통합하는 내각이 되겠다'는 취임사로 화답했다. 두 사람은 이날 임명장 수여식에서 서로에게 허리를 숙여 인사하는 사진이 각종 언론을 통해서 보도하면서 뜨거운 이슈가 되었다. 이낙연 국무총리가 거의 90도에 이르는 인사를 하자 문재인 대통령도 거의 같은 각도로 인사를 하면서 두 사람의 머리가 맞닿으려고 하면서 '하트' 문양이 만들어 졌다. 이전까지 대통령이 주관하는 임명식을 보면 임명자들은 인사를 깊게 하는 경우도 있었지만 이낙역 총리처럼 깊게 인사하는 경우도 드물었다. 더욱이 이전의 대통령들은 임명자들의 인사에 가볍게 고개를 숙이는 경우가 많았는데 문재인 대통령은 권위의식을 버리고 이낙연 총리와 거의 같은 각도로 인사를 한 것이다. 국민들은 지금까지의 보지 못하던 장면에 대해서 신선한 충격을 받았으며, 문재인대통령의 겸손함에 다시 한번 깊은 감동을 받았다.

임명식에서 보여준 인사가 기획된 것이 아니냐는 반응도 있었지만 이낙연 총리와 문재인 대통령의 인사 방식은 이후

| 이낙연 총리 임명식 |

에도 계속되었다. 이낙연 총리는 총리로 임명되고 나서 국회를 찾아 자유한국당을 제외한 여야 지도부를 잇따라 예방하여 각 당의 지도부들과 악수를 나눴고 90도로 깎듯이 허리를 굽혀 인사를 하여 군림하는 총리가 아닌 낮은 자세로 국회와 소통하겠다는 의지를 밝혔다.

이낙연 국무총리의 역량은 나흘간 국회에서 진행되는 국회 대정부 질문에서 정부 측 답변자로 참석하여 아낌없이 보여주었다. 대정부 질문은 정책이 다양하고 복잡하였기에 각양각색이었다. 더욱이 야당은 북핵으로 인한 안보 문제, 경제정책, 여당의 일자리 정책 등과 관련해서 단단히 준비하고 나와 강한 질문들을 쏟아냈다. 그러나 이낙연 국무총리는 야당의 공격에 가까운 어떠한 질책과 질문에 대하여 상상하기 어려운 답변으로 질문한 국회의원들을 당황하게 만들었다. 이러한 이낙연 국무총리의 답변에 대하여 언론에서는 '극강의 전투력', '고품격 총리', '우문현답', '슈퍼 리액션' 등으로 표현하고, 대정부 질문을 시청한 국민들은 이낙연 국무총리의 답변에 대해서 높은 평가를 하였다. 다음은 대정부 질문에서 나온 국회의원들의 질문과 이낙연 총리의 답변이다.

▶ K의원 : "오죽하면 트럼프 대통령이 아베 총리와 통화하면서 한국이 대북 대화 구걸하는 거지같다는 그런 기사가 나왔겠나? 미국에는 척지고 중국에게는 발길 차이고 북한엔 무시 당하고 결국 '왕따' 신세만 자초한 것 아닌가? 전략적 '왕따' 가 문재인 정권 안보전략인지 이제 답변 한 번 정확하게 해 보라"

→ 이낙연 총리 : "저는 K의원님이 한국 대통령보다 일본 총 리를 더 신뢰하고 있다고 생각하지는 않는다"

▶ H의원 : "현재 한국은 삼권분립 국가가 아니다. 제왕적 대통 령 1인제다."

→ 이낙연 총리 : "조금 전에 삼권분립을 체험하지 않았나? 대통령이 지명한 헌법재판소장 후보자가 인준을 못 받았 다. 이것이 삼권분립이 살아있는 것이다."

▶ P의원 : "MBC 김장겸 사장 내쫓을 겁니까! 최근에 MBC나 KBS에서 불공정 보도하는 거 보신 적 있습니까?"

→ 이낙연 총리 : "잘 안 봐서 모릅니다. 꽤 오래 전부터 좀 더 공정한 채널을 보고 있습니다"

▶ K의원 : "총리께서는 지금 수십조씩 퍼붓는 복지 예산을 늘릴 때라고 보십니까?, 안보 예산을 늘릴 때라고 생각하십니까?"

→ 이낙연 총리 : "안보예산도 필요한 건 늘려야 되겠죠. 근 데 복지예산 늘어난 것은 대부분 지난 대선때 모든 정당 들이 공통으로 공약된 사항들이 먼저 이행되고 있는 것"

▶ L의원 : "국회의 틀을 말씀하시기 이전에 먼저 야당 대표와 의원들을 만나서 정부의 정책을 설명하고 협력을 구하는게 기본 자세"

→ 이낙연 총리 : "옳은 말씀입니다. 근데 잘 아실거다. 제가 대화하고 싶고 모시고 싶어 초대해도 번번히 무산됐다"

지금까지 국회 대정부 질의에서 국회의원들의 강한 질책과 질문에 국무총리를 비롯해 각 정부부처 장관 등 행정부 담당자들이 마치 쥐구멍이라도 찾듯이 당황하고, 쩔쩔매면서 잘못을 인정하는 장면에 익숙했던 국민들은 이낙연 국무총리의 답변에 시원한 사이다와 같은 느낌을 받았다. 국민들은 이낙연 국무총리의 국정 운영에 대한 능력에 대해서는 잘 몰랐다가 답변하는 태도를 보고, 업무도 깐깐하고 완벽을 지향하고 있다는 것을 알게 되었다.

　이낙연 국무총리는 정치인이 아니던 정치부 기자시절부터 총리가 되고 싶다는 꿈을 가지고 있었는데 놀랍게도 그 꿈이 이루어졌다. 이낙연 국무총리는 취임 이후에 고(故) 노무현 전대통령의 묘소가 있는 봉하마을에 참배가려는 계획을 세웠지만, 바쁜 일정 때문에 두 차례나 연기하였다. 그러다 봉하마을을 찾아 고(故) 노무현 전 대통령 묘역에서 헌화 분향한 뒤, 노 전 대통령이 잠든 너럭바위에서 묵념했다. 이 총리는 방명록에 "나라다운 나라로 사람 사는 세상, 이루겠습니다. 당신을 사랑하는 못난 이낙연"이라고 적었다. 이낙연 총리는 방명록에 적은 글을 통하여 자신의 의지를 표현하고 앞으로의 정책 방향을 다짐하였다.

검찰 개혁을 끌고 나갈
조국 수석

　현재까지 문재인 대통령의 청와대 인사에서 가장 눈에 띄는 것은 조국 서울대 교수의 민정수석 인선이다. 정치인도 아니고 법관이나 검사로 일해보지도 않은 대학에서 학문을 하는 교수를 선택했기 때문이다. 문재인 대통령은 참여정부 출범 당시 자신이 정무수석을 1년간 맡았던 직책으로 누구보다 그 업무의 중요성에 대해서 잘 알고 있었다. 따라서 문재인 대통령은 정권 초기 민정수석이라는 자리의 중요성이 매우 크기 때문에 누구를 선택할 까 고민이 많았지만 결국 이미 오래전부터 인물 됨됨이를 잘 알고 있는 조국 서울대 교수가 적임자라고 생각하여 선택하였다.

　문재인 대통령은 변호사로 조국 교수는 법학을 전공한 교수로서의 공통점이 있기는 하지만, 그것보다는 2012년 대선에서 조국 교수는 문 대통령이 민주통합당(더불어민주당 전신)의 대선후보로 선출된 뒤 유세전에도 적극 참여하면서 '정권교체'의 필요성을 강조하며 문재인 대통령의 측면지지를 한 인연이 있었다. 또한 2017년 대선에서도 조국교수는 방송에서 찬조연설을 하였으며, 문재인 대통령 후보와 같이 전국을 다니면서 "문재인 후보야말로 시대정신에 가장 부합하는 대통령이자 제대로 준비된 대통령이라고 확신한다"며 문재인 대통령의 지지연설을 많이 했다. 특히 홍대 앞에서 열린 문재인 당시 민주당 후보의 프리허그 행사에서 조국 교수가 사회를 봤을 때 문재인 후보는 민정수석 제안을 한 것으로 알려져 있다. 그러나 조국 수석은 평소에 기회가 있을 때마다 자신은 정치에 뜻이 없다고 밝혀왔기 때문에 정중히 거절했다.

　인선 발표 하루 전인 대선 당일 아침에도 페이스북에 조국 교수는 "'학인'(學人)으로서의 삶을 사랑하는 내가 '직업정치인'이 될 리는 만무하겠지만, 언제나 '참여형 지식인'의 책임은 다하겠다"고 적었을 정도로 정치에 직접 참여하는 것은 자제하겠다는 의사를 표현하였다. 그러나 문재인 대통령은 그 동안 국민의 신뢰를 잃어버린 검찰을 개혁하는데 가장 적임자가 국 교수이기 때문에 민정수석으로 인선하였다.

조국 교수는 그의 저서 〈진보집권플랜〉에서 "검찰은 스스로 막강한 힘을 가지고 있으면서 타 권력기관에 비해 문민통치를 받지 않고 있는 유일한 기관"이라며 "전 세계 검찰 중 한국만큼 많은 권한을 가진 검찰이 없는데, 검찰에 대한 통제장치가 법원 외에는 없는 상황"이라고 밝힌 바 있다. 문재인 대통령이 대선 공약으로 내건 고위공직자 비리수사처와 검·경 수사권 조정을 진보개혁진영이 집권했을 때 추진해야 할 검찰개혁의 방향을 정확하게 지적하고 있기 때문에 문재인 대통령은 조국을 민정수석으로 인선항였다.

조국 민정수석은 1965년 부산에서 태어나 혜광고등학교를 졸업하고 16세의 나이로 서울대학교 법과대학에 최연소 입학하였다. 대학에 재학 중에는 서울대학교 법과대학 언론/학술지 FIDES 편집장으로 학생운동에 관여하였다. 서울대학교 졸업 후 캘리포니아 대학교 버클리에서 LLM 및 SJD 학위를 받았다. 1989년부터 1990년 석사장교로 군복무를 마친 후, 1992년 만 26세 의 나이로 최연소로 울산대학교 교수 생활을 시작하였다. 울산대에서 법학과 교수로 재직 중일 때 선배인 백태웅과 박노해 시인이 이끄는 사회주의노동자동맹에 연루되어 국가보안법 위반으로 구속되어 반 년간 옥고를 치렀고, 1993년에 국제 앰네스티에서 양심수로 지정하였다.

2001년 12월 서울대학교 교수로 자리를 옮겼다. 2000년 이후 참여연대의 사법감시센터 (부)소장, 부운영위원장으로 시민운동에 참여하였고, 2007년부터 2008년까지 서울대학교 대외협력 부본부장을 역임하였으며, 2007년 12월 대법원장 지명으로 국가인권위원회 위원으로 임명되었다. 2013년 한국경찰법학회 회장, 2015년 한국형사정책학회 부회장 등을 역임했다.

조국은 1987년 6월 항쟁의 도화선이 된 박종철 고문치사 사건의 박종철이 고등학교, 대학교 후배이며 새누리당 원희룡, 나경원, 조해진 의원이 서울대학교 법과대학 동기이다. 새정치연합의 개혁파 국회의원, 정의당 소속 정치인과도 개인적 친분이 있는 것으로 알려져 있다.

조국교수가 민정수석이 되자 모친이 이사장으로 있는 학교법인 웅동학원이 고액 상습 체납자 명단에 올라있는 것으로 논란이 일어났다. 웅동학원은 '2013년 재산세 등 총 2건, 2100만원'을 체납했다는 사실이 알려지자 조국 수석은 신속히 사과를 하고 체납된 세금을 납부하겠다고 하였다.

그러나 정작 웅동학원의 진실과 독립운동에 기여한 사학

이라는 사실이 알려지면서 오히려 조국 수석의 미담으로 바
뀌어 버렸다. 웅동학원은 웅동중학교를 경영하는 사학법인
으로 1985년부터 조 수석의 아버지 고 조변현 씨가 이사장을
맡았고 2010년 이후엔 어머니 박씨가 이사장을 맡고 있다.
2017년 2월 웅동중학교 제65회 졸업생은 68명이다. 웅동학
원의 전신인 계광학교는 1908년에 설립됐으며 1919년 경남
창원 웅동, 웅천 지역 독립만세를 주도했다. 6.25 사변 때는
교사 1명과 학생 46명의 학도병이 출정해 18명이 전사했던
기록이 있다. 이후 1952년 웅동중학교가 설립됐다. 2017년

| 조국 민정수석과 문재인 대통령 |

학교 법인 예산 중 총수입이 78만 9000원에 불과한 것으로 나타났다. 78만 9000원의 수입 중 44만원은 정기예금 3000만원에 대한 수입이며 주 수입이던 기부원조금이 2017년에는 0원으로 재정이 열악한 상황으로 나타나 오히려 웅동학원에 후원금을 보내려는 국민들로 인해 정중히 거절하는 인사를 해야만 했다.

1. 문재인의 공약 해설

4대 비전	12대 약속
촛불 혁명의 완성으로 국민이 주인인 대한민국	부정부패 없는 대한민국
	공정한 대한민국
	민주 인권 강국 대한민국
더불어 성장으로 함께하는 대한민국	일자리가 마련된 대한민국
	성장동력이 넘치는 대한민국
	전국이 골고루 잘사는 대한민국
평화로운 한반도 안전한 대한민국	강하고 평화로운 대한민국
	안전한 대한민국
지속가능한 사회 활기찬 대한민국	지속가능하고 성평등한 대한민국
	문화가 숨쉬는 대한민국

정치 분야 공약 – 촛불 혁명의 완성으로 국민이 주인인 대한민국을 만들겠습니다.

문재인은 어린 시절에 가난한 삶을 살면서 사회의 모순과 빈부의 격차에서 사회참여 의식을 배워갔으며, 고등학교부터 옳지 않은 것과는 타협하지 않는 자세를 가지게 되었다. 고등학교 때부터 3선 개헌 반대 시위, 학교를 병영화하려는 교련에 대한 항의 등을 계기로 문제인이 말하는 시대정신인 '정의'라는 단어를 이때부터 가슴속에 심게 되었다.

문재인의 정의는 바로 약자의 편에 서는 것을 말한다. 현재 우리나라는 이긴 자만이 배부르게 먹을 수 있고, 강한 사람이 지배하는 낡은 질서가 판을 치고 있다. 이제 이러한 낡은 질서를 없애고, 대한민국에 서로가 잘 살고, 평화로운 새 질서를 수립하기 위해 문재인은 가장 먼저 공평하고 정의로운 원칙을 세우고자 한다.

이전의 정권에서는 입으로는 공정사회를 부르짖었지만 실제로는 측근세력들이 국가권력을 사유화하여 공공성을 파괴하여 국민들에게 실망을 주고 있다. 뿐만 아니라 일부의 토목과 건축에 관련된 세력과 재벌집단, 그리고 최상위 계층에게 이익을 과도하게 몰아줌으로써 공정이라는 말 자체를 웃음거리로 만들고 말았다. 이익이 일부에게만 돌아가게 되면 소외된 사람들은 허탈감과 분노 때문에 서로 믿고 잘사는 사회를 만드는 것은 불가능하다.

문재인은 지난 9년간 이명박·박근혜로 대변되는 새누리당 보수 정권의 「국민 성공시대」, 「국민 행복 시대」를 내세우며 대한민국을 변화시키며 우리 국민들을 행복하게 만들겠다고 약속했지만 그들이 남긴 것은 「수십조 원의 4대강 예산낭비」와 「최순실·박근혜 게이트」로 대변되는 부정부패, 민주주의의 파괴와 각종 사회적폐라고 보았다. 이러한 적폐로 인하여 성난 촛불 민심은 이명박·박근혜 정권의 부정부패로 얼룩진 대한민국을 깨끗이 해달라고 요구하고 있다. 극소수의 비선 권련이 국정을 농단하고 다수의 국민을 불행하게 만드는 사회를 청산하고, 부정부패 없는 대한민국을 새로운 민주사회를 건설할 것을 명령하고 있다. 문재인은 국민들의 준엄한 요구를 받아 들여 비선·소수 권력의 실체적 힘이었던 검찰을 비롯한 권력기관의 개혁, 이명박·박근혜 정권 9년의 적폐청산, 아울러 민심을 반영할 정치권을 선출하기 위한 「정치선거 제도의 개혁」 등을 통한 부정부패 없는 대한민국을 만들어나가겠다고 비전을 세우고 다음과 같은 세부 실천사항을 추진해 나가고 있다.

● 부정부패 없는 대한민국

1) 적폐청산

- 박근혜 최순실 국정농단 적폐를 청산하겠습니다.
- 반부패 개혁으로 국가 경쟁력을 선진국 수준으로 높이겠습니다.
- 이명박·박근혜 정권 9년의 적폐, 문화계 블랙리스트를 청산하겠습니다.
- 국정 역사교과서를 폐지하고 교육의 민주주의를 회복하겠습니다.
- 방위사업 비리를 척결하겠습니다.
- 적재적소의 인사로 신뢰받는 공직사회를 만들겠습니다.
- K스포츠·미르재단 정경유착 비리가 발생하지 않도록 「시민공익위원회」가 감시하겠습니다.

- "기능을 다한 1987년 헌법" 개정으로 시대의 헌법을 열 겠습니다.

2) 권력기관개혁
- 권력 눈치 안보는 성역 없는 수가기관을 만들겠습니다.
- 경찰을 민주·안전·민생 경찰로 탈바꿈하겠습니다.
- 감사원 눈치·부실감사 이제는 끝내겠습니다.
- 군사법 개혁으로 군 장병의 공정한 재판과 인권을 보장 하겠습니다.
- 정치댓글·정치사찰의 국정원을 국민의 '해외안보정보원' 으로 개편하겠습니다.
- 365일 국민과 소통하는 열린 대통령이 되겠습니다.

3) 정치·건거제도 개혁
- 18세로 선거 연령 인하 등 국민의 참정권을 확대하겠습니다.
- 소외받는 국민이 없도록 공직선거 제도를 개편하겠습니다.
- 국민 누구나 자유롭게 정치에 참여할 수 있게 하겠습니다.
- 투명한 국회 국민의 국회를 만들겠습니다.

● 공정한 대한민국

1) 경제 민주화

- 갑의 불공정 갑질과 솜방망이 처벌 이제는 끝내겠습니다.
- 재벌의 불법 경영승계, 황제 경영, 부당 특혜 근절시키겠습니다.
- 고장 난 소비자 피해 규제 이제는 작동하게 하겠습니다.
- 공정하지 않은 공정거래 감시, 전속 고발권 폐지와 공정거래위원회 역할 강화로 해결하겠습니다.
- 하도급 근로자 임금 체불, 발주자 직접지급제로 해결하겠습니다.
- 기업임금 분포 공시제도, 공정한 근로 여건을 열어나가겠습니다.
- 적합 업종 보호 특별법 제정 등으로 중소기업·소상공인·자영업자를 보호하겠습니다.
- 협력 이익 배분제를 한국형 이익공유 동반성장 모델로 추진하여 중소기업 경쟁력을 강화하겠습니다.
- 주가조작 등 자본시장 교란행위 처벌을 강화하겠습니다.
- 국민연금을 정치·경제·권력으로부터 안전하게 지키고, 주주권 행사 강화로 건전한 시장질서를 확립하겠습니다.
- 조세 정의를 실현하겠습니다.

● 민주 · 인권 강국 대한민국

1) 민주 · 인권 회복

- 국가권력의 불법사찰을 근절하고 국가폭력 피해자를 지원하겠습니다.
- 못 다한 과거사 진실규명 완수하겠습니다.
- 개인 · 신용 · 통신 정보, 촘촘한 그물망으로 안전하게 보호하겠습니다.
- 인터넷 강 익명 표현의 자유 보장을 위한 토대를 마련하겠습니다.
- 언론의 자유와 독립을 회복하겠습니다.
- '시민사회 성장'을 사회 동력으로 삼겠습니다.

경제 분야 공약 – 더불어 성장으로 함께 하는 대한민국을 만들겠습니다.

문재현은 복지의 확대와 함께 강력한 '일자리 혁명'을 이루는 것이 비전이다. 지금 너무나 많은 젊은이들과 실업자, 비정규직 종사자, 근로능력이 있는 고령자들이 일할 수 있는 기회와 더 좋은 일자리를 요구하고 있다.

문재인은 좋은 일자리 창출을 위해서는 비정규직을 정규직으로 전환하는 것을 촉진해야 하며, 비정규직에 대한 차별을 철폐해야 한다고 생각한다. 또한 근로시간 단축을 통한 신규고용 확대, 고용영향평가제도의 채택, 고용증진과 기업 지원의 연계 등을 중요한 정책수단으로 채택하겠다는 비전을 가지고 있다.

그리고 보육, 교육, 의료, 복지 등 사회서비스 부문은 무궁무진한 잠재적 일자리의 보고이기 때문에 정보통신 산업, 바이오산업, 나노 산업, 신재생에너지 산업, 문화산업과 콘텐츠산업 등 신산업을 크게 일으켜 일자리를 대대적으로 만들겠다는 비전도 가지고 있다.

일자리 없는 대한민국에서 국민들은 희망을 찾을 수 없다. 따라서 일자리를 만드는 것은 문재인 정부가 해야 할 중요한 과제 중에 하나다. 대도시에서는 그런대로 일자리가 많지만 지방 일자리는 부족한 곳이 많다. 따라서 문재인은 지방 일자리를 만드는데 대해 특별한 노력을 기울이려고 한다. 지방의 일자리를 만드는 것 자체가 지역의 균형발전을 가져 온다. 지역의 균형발전을 위해서는 산업 균형, 일자리 균형을 이루는 것이 중요하다.

또한 문재인은 분배와 재분배를 강화하여 중산층과 서민들의 실제로 사려는 욕구와 실제로 살 수 있는 능력을 확대함으로써, 소비와 투자를 촉진하는 '포용적 성장'을 추진하려고 한다. 이를 위해 근로자의 최저임금을 높이고 최저 생활의 보장을 전제로 하여 주는 기본 임금의 개념을 정책에 반영하려고 한다. 그리고 복지에 대한 투자를 확대하고 활성화하여 서민경제를 활성화하려고 한다. 또한 재벌과 거대기업의 과도한 경제력 집중을 억제하고, 고용의 대부분을 감당하는 중소기업이 성장의 중심에 서도록 지원하려고 한다.

앞으로 문재인은 지역의 균형발전을 위해서 세종시와 혁신도시를 지방 일자리 창출의 거점으로 만들겠다는 포부를 가지고 있다. 그래서 공기업과 공무원의 지역우대 채용과 열악한 환경에서 일하는 공무원들의 업무를 경감하고 일자리를 대폭 늘려서 채용을 확대하려고 한다.

문재인은 일자리 창출이 지속적으로 유지하기 위해서 대통령이 되어 가장 먼저 한 일은 대통령 직속으로 〈국가일자리위원회〉를 설치하고, 청와대 집무실에 일자리 전광판을 설치하여 일자리 마련 상황을 점검, 독려하고 있다.

문재인은 더불어 성장으로 함께하는 대한민국을 만들어나가겠다고 비전을 세우고 다음과 같은 세부 실천 사항을 추진해 나가고 있다.

● **일자리가 마련된 대한민국**

1) 일자리 창출
 • 대통령 직속 "일자리위원회" 설치해 범정부적 일자리 정

책을 집중 관리하겠습니다.

- 공공부문을 중심으로 일자리 81만개를 창출하겠습니다.
- 실 노동시간 단축 등 일자리 나누기로 민간부문 일자리 50만개를 창출
- "성별·연령별 맞춤형 일자리 대책"으로 일자리 걱정을 덜어 드리겠습니다.

2) 비정규직 감축 및 처우 개선

- 상시·지속적 업무 정규직 고용원칙 정착으로 비정규직 규모를 OECD 수준으로 감축
- 「비정규직 차별금지 특별법」 제정으로 차별없는 좋은 일자리를 만들겠습니다.
- 대기업·공공부문의 사내하청 등 간접고용에 대해 원청기업이 '공동 사용자 책임'을 지도록
- "최저임금(시급) 1만원"과 "생활임금제 확산"으로 국민소득을 증대하겠습니다.

3) 노동 존중 사회 실현

- 「한국형 사회적 대화기구」만들어 "노동존중 사회 기본계획"을 수립하겠습니다.
- 노·사·정이 2010년 약속한 1800시간대의 노동시간 실현하겠습니다.

- "체불임금 제로 시대"를 열어가겠습니다.
- 노동인권교육 의무화 및 "알바존중법" 도입하여, 청소년기로부터 노동기본권 보장을 하겠습니다.
- 국제노동기구(ILO) 핵심협약 비준으로 국가 위상에 걸맞는 노동기본권 보장을 이루겠습니다.
- 10%에 불과한 노조가입율과 단협 적용률을 획기적으로 높여 "노동존중사회"를 만들어 가도록 하겠습니다.
- 90%의 중소·영세 미조직 노동자들의 권리를 보장하겠습니다.
- 공공기관에 노동 이사제를 도입하고 민간 기업에 확산하겠습니다.
- 부당해고 된 근로자가 원할 경우 최초 복직판정만으로 복직이 가능하도록 하겠습니다.
- 위험의 '외주화'방지와 산재 발생 사업장에 대한 책임 강화 「감정노동자 보호법」을 제정하겠습니다.
- 30만 택시운전자의 생존권을 보장하고 권익을 향상시키겠습니다.

● **성장 동력이 넘치는 대한민국**

1) 미래 성장 동력 확충
- 4차 산업혁명의 플랫폼과 스마트 코리아 구현을 위한

민·관 협업체계를 구축하겠습니다.

- 신생 기업의 열기가 가득한 혁신 창업국가를 만들겠습니다.
- 4차 산업혁명의 기반인 ICT르네상스를 열어 가겠습니다.
- 고부가가치 창출 미래형 신산업을 발굴·육성하여 '저성장의 늪'에서 벗어나겠습니다.
- 협력성장. 포용성장의 새로운 주역인 사회적 경제 활성화로 좋은 일자리를 만들고 시민경제 시대를 열겠습니다.

2) 제조업 부흥과 산업 경쟁력 강화

- 주력산업의 경쟁력 제고와 제조업 재도약을 통해 산업경제의 활력을 회복하겠습니다.
- 포기할 수 없는 조선·해운 상생으로 재건하겠습니다.
- 건설 산업 경쟁력을 강화하겠습니다.
- 금융 산업 구조 선진화를 추진하겠습니다.
- 화물 물류업의 경쟁력을 강화하겠습니다.

3) 중소·중견기업 육성

- 「중소기업청」을 「중소벤처기업부」로 확대 신설하겠습니다.
- 벤처 등 중소기업 창업의 선순환 생태계를 조성하겠습니다.
- 중소기업 성장을 튼튼히 뒷받침하겠습니다.

- 중소·중견기업 역량을 강화해서 한국형 히든 챔피언을 육성하겠습니다.
- 중소기업의 인력난을 해소하고 대·중소기업간 임금격차를 축소하겠습니다.
- 300만 소상공인, 600만 자영업자의 역량을 강화하겠습니다.

4) 과학기술(R&D) 진흥
- 자율과 책임성이 강화된 연구개발 생태계로 바꾸겠습니다.
- 청년 과학자의 꿈이 대한민국의 꿈이 되도록 하겠습니다.
- 기초 연구의 자율성을 보장하겠습니다.
- 과학 기술의 저변을 확대하겠습니다.
- 과학기술 행정체제 정비로 합리적 전문성과 효율성을 추진하겠습니다.

● **전국이 골고루 잘사는 대한민국**

1) 지방분권 강화 및 균형 발전하겠습니다.
- 중앙권한을 지방으로 이양하고 지방의 자치역량을 강화하는 등 지방분권을 실현하겠습니다.
- 지방의 재정 자립이 실현될 수 있도록 강력한 재정분권을 추진하겠습니다.

- 주민참여 확대로 자치분권과 풀뿌리 민주주의를 강화하겠습니다.
- 세종시를 명실상부한 행정중심복합도시로 만들겠습니다.
- 혁신도시를 4차 산업혁명 전진기지(혁신도시 시즌2)로 삼아 균형발전을 이루어 내겠습니다.
- 산업단지 활성화 방안을 마련하겠습니다.
- 고속도로의 공공성을 강화하고 스마트 고속도로로 전환하여 균형발전의 동력이 되도록 하겠습니다.
- 철도공공성 강화, 세계 3위 고속철 육성 등 철의 실크로드에 대비하겠습니다.

2) 살기 좋은 농산어촌
- 대통령 농어업을 직접 챙기겠습니다.
- '쌀생산 조정제' 등으로 쌀값, 쌀 농업 꼭 지키겠습니다.
- 농어업 재해대책법 강화와 공익형 직불제 확대로 농가소득을 높이겠습니다.
- 농어민 산재보험 100원 택시 도입 등으로 농어민 복지를 확대하겠습니다.
- 여성농어업인의 권리와 복지를 늘려가겠습니다.
- 농협의 유통기능 강화 등 농산물 유통체계를 개선하겠습니다.

- 농어업회의소를 전국에 설치하여 농어민의 농정 참여 실현하겠습니다.
- 숲의 일자리와 휴식공간으로 재창조시키겠습니다.
- 섬 지역 주민의 정주 여건을 개선하여 살맛나는 어촌을 조성하겠습니다.
- 유휴 항만을 해양산업클러스터로 육성하여 항만을 지역 경제 성장거점으로 조성하겠습니다.
- 수산 직불제를 확대 개편하여 열악한 어업인의 소득보전을 향상하겠습니다.
- 어업에 대한 세제지원을 확대하겠습니다.
- 수산물 해외시장 개척 및 수산식품 수출 가공단지 조성으로 수산물 수출촉진을 지원하겠습니다.
- '우리 바다 되살리기 프로젝트'를 구현하여 어장 관리 체계 개선 등 어족 자원을 지키겠습니다.

● 출산·노후 걱정없는 대한민국

- 저출산 문제 해결하겠습니다.
- 노후 소득보장 강화하고 노후파산 예방하여 고령사회 노후불안 불식시키겠습니다.

● 민생 · 복지 · 교육 강국 대한민국

1) 빈곤탈출, 의료비 경감하겠습니다.

- 생애맞춤형 소득지원제도를 운영하여 국민 모두가 빈곤으로부터 안전한 나라를 만들겠습니다.
- 가계 부채 해결을 위한 3대 근본대책 7대 해법을 마련하겠습니다.
- 건강보험 하나로 의료비 문제 해결하고, 간병서비스 확대로 재난적 의료비 지원제도로 가계 파탄 막아내겠습니다.
- 어린이 입원 치료비, 학령기 청소년 독감 예방 접종 국가가 책임지겠습니다.
- 지역 간 의료 서비스 격차를 줄이고, 의료 양극화를 해소하겠습니다.
- 의료비 폭등 야기하는 의료 영리화 막고, 공공성 강화하겠습니다.
- 교육과 어르신 돌봄 등 사회서비스를 국가가 직접 제공하는 기반을 마련하겠습니다.
- 찾아가는 보건복지서비스를 강화하고 건강증진 사업을 확대하겠습니다.

2) 주거문제 해소

- 내 집 없는 서민들이 싸게, 안심하고 거주하는 공적 임대주택을 매년 17만호씩 공급하여 집 걱정을 덜어드리겠습니다.
- 신혼부부의 주거사다리를 튼튼하게 만들어 집 문제로 결혼을 미루는 일이 없도록 하겠습니다.
- 청년 임대주택 40만실 공급으로 취업난에 허덕이는 청년(1인 가구)들의 주거비 부담을 덜어드리겠습니다.
- 저소득 서민들에게 따뜻한 주거복지의 손길이 닿도록 하겠습니다.
- 10조원 규모의 도시 재생 뉴딜로 노후주택 지원 및 생활 여건을 개선하겠습니다.
- 세입자 전월세 부담과 이사 걱정을 덜 수 있도록 집주인과 갈등 없는 사회통합형 주거정책도 펼치겠습니다.

3) 사회적 차별 해소 및 약자 지원

- 다양한 가족에 대한 지원을 확대하겠습니다.
- 청소년들이 안전하고 건강하게 성장하도록 지원하겠습니다.
- 장애인과 비장애인이 함께 살아갈 수 있는 사회 환경을 만들겠습니다.

- '장발장 은행 제도' 시행·확산으로 '유전무죄 무전유죄' 의 고리를 끊겠습니다.

4) 생활비 절감

- 일일, 주, 월 정액제 '광역 알뜰 교통카드' 도입으로 교통 비 30%를 절감하고 도심 교통체증을 줄이겠습니다.
- 생애수요자 맞춤형 교육비 지원을 통해 교육비 부담을 줄이겠습니다.
- 대학생들의 주거부담을 낮추겠습니다.
- 공용 WiFi 무상 제공, 데이터 요금 인하 등 통신비를 낮 추겠습니다.

5) 국민 휴식원 보장

- 국민의 휴식권 보장을 통해 내수를 진작하겠습니다.
- 근로자의 "휴식 있는 삶"을 보장하겠습니다.

6) 교육의 국가책임 강화

- 국공립 유치원을 확대하고 유아기 출발선의 평등을 실현 하겠습니다.
- 방과 후, 방학 중 나 홀로 방치되는 아동·청소년이 없도 록 열린 온종일 돌봄학교를 운영하겠습니다.
- 교실혁명을 통해 공교육을 혁신하고 사교육비를 경감하 겠습니다.

- 고교 학점제(DIY형 교육)로 진로맞춤형 교육을 추진하겠습니다.
- 한 아이도 놓치지 않도록 1:1 맞춤형 교육을 추진하겠습니다.
- 선생님들의 전문성을 높여 든든한 울타리 학교를 만들겠습니다.
- 위험하고 낡은 학교를 안전하고 쾌적한 학교로 바꾸겠습니다.
- 대입제도를 단순화하고 공정성을 높이겠습니다.
- 고졸 우대를 통해 고졸희망시대를 만들겠습니다.
- 4차 산업혁명 시대를 대비한 교육체제를 만들겠습니다.
- 교육의 공정성을 높이고 교육의 계층 사다리를 복원하겠습니다.
- 대학의 글로벌 경쟁력을 높이고 대학의 체질을 강화하겠습니다.
- 소통·협력·효율성을 높이는 교육 거버넌스 개편을 추진하겠습니다.

🕊 외교 분야 공약 – 평화로운 한반도 안전한 대한민국 만들겠습니다.

우리는 주변의 강대국들로 둘러 쌓여 있다. 또한 지구상에서 유일한 분단국가로 대치중에 있다. 그러다 보니 국가의 존립과 국토방위는 헌법상 대통령에게 주어진 가장 막중한 의무이다. 국가의 존립과 국토방위를 위해서 필요한 것은 바로 국방력이다. 결국 모든 대외정책의 출발은 튼튼한 국방력으로부터 시작한다.

문제인은 대한민국 군을 강하고 유능한 군대로 만들겠다는 비전을 가지고 있다. 그러면서 미국과의 관계를 더욱 건강하고 바람직한 관계로 발전시키고, 중국과 일본, 러시아 등 주변국들과도 호혜협력 관계를 더욱 강화해 나가려고 한다.

전쟁의 불안에서 한반도를 해방시키겠다는 것도 문재인의 비전이다. 요즘에 와서 북한의 지속적인 핵미사일 개발과 발사로 국가 안보가 많이 흔들리고 있다. 뿐만아니라 미국의 트럼프 정부도 양국의 긴장을 높이고 있는 실정이다. 그러나 문재인 정부는 북한과 분쟁과 대결의 상대가 아니라 대화와 화합의 상대로 만들어야 한다고 하였다. 이를 위해서 피로 얼룩졌던 휴전선과 북방한계선 일대를 평화경제 지대로 만들겠다는 포부를 가지고 있다.

문재인은 대통령이 되면 김대중 대통령의 6.15 공동선언[1]
과 노무현 대통령의 10.4 남북정상선언[2]을 남북 양측이 책
임 있게 지키고 이행하도록 하려고 한다. 그리고 개성공단을
확장하고 금강산 관광을 재개하여 금강산과 설악산, 평창을
연결하는 국제관광특구를 만들어 적극 키우겠다는 포부도
가지고 있다.

뿐만 아니라 남북 군사대결지대를 공동이익을 창출하는
경제지대로 전환하여 부모들이 안심하고 자식을 군대 보내
는 안보환경을 만들겠다고 한다. 그리고 특권층의 군대 안가
기를 철저하게 막는 한편 젊은이들의 병역 부담을 줄여나갈
뿐만 아니라 사병의 복지도 크게 향상시키겠다고 한다.

한반도의 평화를 위해서는 북핵문제를 평화적으로 해결하
고 한반도 평화체제를 구축해야 한다. 문재인은 북한의 핵을
용인할 수 없다는 확고한 입장을 가지고 있다. 따라서 대화
와 협상을 통해 반드시 핵을 포기하도록 만들겠다는 생각을
가지고 있다. 그런 차원에서 실종된 6자회담을 재개하고 대
한민국의 주도적 역할을 복원하겠다고 한다. 이를 통해 6자

---

1) 2000년 6월 14일 분단 이후 최초로 남북한 정상회담을 통해 한국의 김대
중 대통령과 북한의 김정일 국방위원장이 합의하여 6월 15일 발표한 5개
항의 합의 내용을 담고 있는 선언이다.
2) 2007년 10월 4일 노무현 대통령과 김정일 북한 국방위원장이 공동으로
발표한 '남북관계 발전과 평화번영을 위한 선언'을 말한다.

회담과 남북관계 복원, 평화체제 구축작업을 병행 추진하여 한반도에 평화와 공동번영의 구조를 만들어 나가겠다고 한다.

이를 위해 문재인은 평화로운 한반도 안전한 대한민국을 만들어나가겠다고 비전을 세우고 다음과 같은 세부 실천 사항을 추진해 나가고 있다.

● 강하고 평화로운 대한민국

1) 책임국방

- 북핵 대응 핵심전력(KAMD, Kill-Chain 등)을 조기전략화 하겠습니다.
- 굳건한 한미동맹 기조 위에 전시작전통제권의 임기 내 전환을 추진하겠습니다.
- 국방개혁을 강력히 추진하고 국방의 문민화를 이루겠습니다.
- 4차 산업혁명을 선도하도록 방위산업을 육성해 나가겠습니다.
- 장병들 복무 여건을 개선하고 군 인권 보호를 강화하겠습니다.
- 국가를 위한 헌신 국민이 보답하겠습니다.

2) 국익우선 협력외교

- 5천만 국민의 역량을 결집하는 '국민외교'를 통해 국익을

관철하고, 국민의 신뢰를 얻겠습니다.

- 주변 4국과의 협력 외교를 강화하고 동복아 더하기 책임 임공동체를 형성하겠습니다.
- 보호무역주의에 대응하고, 신흥 거대 경제권으로 진출하기 위해 통상외교 역량을 대폭 강화하겠습니다.
- 인류의 보편적 가치를 실현하고 우리나라에 대한 신뢰를 높이기 위해 공공외교를 전략적으로 강화해 나가겠습니다.
- 해외에 체류하고 있는 우리 국민들의 생명과 재산을 보호하고, 720만 재외 동포들을 적극 지원

3) 평화통일

- 북한 핵문제를 반드시 해결하고 전쟁 위험이 없는 한반도를 만들겠습니다.
- '한반도 신경제지도' 구상 실행으로 우리 경제에 신성장 동력을 제공하겠습니다.
- 남북한의 시장을 하나로 통합하고 점진적 통일을 추진하겠습니다.
- 남북기본협정을 체결하여 남북관계를 바로 세우겠습니다.
- 북한 인권을 개선하고 이산가족·국군포로·납북자 문제를 해결하겠습니다.
- 남북 사회·문화·체육교류를 활성화하고 접경지역을 발전시키겠습니다.

● 안전한 대한민국

1) 자연·사회적 재해·재난 예방하겠습니다.

- 지진, 태풍 등 자연재해로부터 안전한 해양 예·경보 시스템을 구축하겠습니다.
- 통합적 재난안전관리체계를 구축하여 안전한 나라를 만들겠습니다.
- 각종 재난으로부터 국민의 안전 확보를 위한 제도를 구축하겠습니다.
- 각종 사고로부터 국민의 생명을 지켜 사람이 우선인 나라를 만들겠습니다.
- '세월로 참사 방지'를 위해 노후되고 낙후된 연안 여객선 및 접안 시설을 개선하겠습니다.
- 축산 방역 강화로 AI·구제역 해결하겠습니다.
- 감염병 전문병원 설립과 역학조사관 확충 등 방역체계 강화를 통해 제2의 메르스 사태를 막겠습니다.
- 국민건강을 위협하는 미세먼지 저감 종합대책을 마련하겠습니다.
- 생활화학제품에 대한 유해물질 사용의 적극적 차단으로 국민의 건강과 안전을 지키겠습니다.
- 원전 정책을 전면 재검토하겠습니다.

• 원전 사고 걱정없는 나라로 만들겠습니다.

2) 생활안전 강화

• 민생치안 역량을 대폭 강화하여 범죄로부터 가장 안전한 나라로 만들겠습니다.

• 소방청 독립, 소방인력 보강 등을 통해 소방의 현장 대응 능력을 높이겠습니다.

• 해양경찰의 역할을 재정립하여 해양안전을 확보하고 해양주권 수호 역량을 강화하겠습니다.

• 강력한 지도·단속으로 중국 불법 조업 대응을 강화하겠습니다.

• 수산물 클린인증 제도 도입 등 생산부터 소비까지 안전하고 깨끗한 수산물 공급 체계를 구축하겠습니다.

• 아동학대 근절을 위한 지역사회 아동보호시스템을 구축하겠습니다.

• 친환경급식 등 안전하고 건강한 먹거리를 책임지겠습니다.

• 인체위해물질과 제품에 대한 통합관리로 안전성을 확보하겠습니다.

• 자연재해, 교통사고, 시설물안전, 생활불편 등 주요 재난으로부터 안전한 살기 좋은 대한민국을 만들겠습니다.

🌱 문화 분야 공약 - 지속가능한 사회 활기찬 대한민국을 만들겠습니다.

우리나라는 남녀의 실질적 평등을 위해서도 아직 남은 숙제가 많다. 아직도 우리나라는 남성에 비해 여성들의 삶은 행복하지 않다. 가사와 육아, 노인을 돌보는 책임은 여전히 여성들에게만 맡겨져 있다. OECD 수준에 훨씬 못 미치는 여성 경제활동 참가율이나 세계 최저의 출산율은 대한민국의 여성들이 얼마나 힘들게 살고 있는지 잘 말해주고 있다.

이를 해결하기 위해서 문재인은 가족 돌봄의 공적서비스를 확대해서 여성의 부담을 줄이겠다고 한다. 또한 여성의 취업과 승진기회의 제한 등 사회적 차별을 해소할 수 있는 적극적 대책도 만들겠다고 한다. 그러면 남녀가 함께 일하고, 함께 돌보는 사회로 발전한다고 보고 있다.

또한 문재인은 원전의 위험성이 증가하고 있어 추가 원전의 건설을 중단하고 수명이 다된 원전은 가동을 중지시키며, 신재생 에너지의 비중이 확대되는 만큼 원전의 비중을 줄여나가겠다고 하였다. 이는 단순히 에너지 종류를 바꾸거나 아끼는 정도가 아니라, 산업과 소비생활 전반의 구조를 바꾸기 위해 친환경·저탄소 미래에너지 발굴을 통해 지속적인 성장기반을 마련하고, 생태계 보전을 국정의 우선순위로 삼겠다고 한다. 그러기 위해서는 산업, 환경, 농림, 국토 등 여러 부처를 지속가능성의 중요성 아래 재편해 나가겠다고 하였다.

그리고 문화가 숨쉬는 대한민국을 만들기 위하여 예술인의 문화복지 사각지대를 해소하고 일상에서 문화를 누리는 생활문화 시대를 열겠다고 하였다. 이와 함께 언론 분야에서는 이용자 중심의 미디어 복지를 구현하고 지역방송 활성화로 지역 균형발전의 디딤돌 역할을 실현하겠다고 하였다.

문재인은 지속가능한 사회 활기찬 대한민국을 만들어나가겠다고 비전을 세우고 다음과 같은 세부 실천 사항을 추진해 나가고 있다.

● 지속가능하고 성평등한 대한민국

1) 성평등한 대한민국

- 더불어 행복한 실질적 평등사회를 만들겠습니다.
- 일·가족·생활의 균형을 실현하겠습니다.
- 성별임금격차를 OECD 수준으로 줄이겠습니다.
- 아이 키우기 좋은 환경을 조성하여 여성의 경제활동 참여를 지원하겠습니다.
- 젠더 폭력으로부터 안전한 사회를 만들겠습니다.
- 여성의 건강권을 보장하고 여성의 특수한 건강 문제에 대한 별도의 대책을 마련하겠습니다.

- 일본군 '위안부' 문제 정의롭게 해결하겠습니다.

2) 지속가능한 대한민국

- 탈원전 정책으로 국민안전과 환경권을 지키겠습니다.
- 재생 에너지 비율을 2030년까지 20%로 높이고 이 분야에서 좋은 일자리를 창출하겠습니다.
- 친환경 · 저탄소 미래에너지 발굴을 통해 지속적인 성장 기반을 마련하겠습니다.
- 신기후 체제에 대응하는 에너지 거버넌스를 구축하겠습니다.
- 생태계 보전을 국정의 우선순위로 삼겠습니다.
- 수생태계 파괴 주범 대형보를 상시 수문개방하고, 재평가를 거쳐 4대강 재자연화를 추진
- 신속한 지진정보를 제공하고 가뭄 · 폭염 · 미세먼지 등 맞춤형 스마트 기상정보 서비스를 제공해서 재난과 기후변화로 인한 피해를 최소화 하겠습니다.
- 사람과 동물이 함께 사는 건강한 생명국가를 만들겠습니다.

● 문화가 숨쉬는 대한민국

1) 문화 · 예술 · 체육

- 예술인의 문화복지 사각지대를 해소하겠습니다.
- 예술인의 창작권을 보장하겠습니다.
- 일상에서 문화를 누리는 생활문화 시대를 열겠습니다.

- 공정한 문화산업 생태계를 만들겠습니다.
- 문화유산의 보존과 활용으로 문화유산의 가치를 높이겠습니다.
- 지역 간 문화격차를 해소하여 문화균형발전을 이루겠습니다.
- 모든 국민이 체육을 즐기는 스포츠복지국가를 만들겠습니다.
- 쉼표가 있는 삶, 광광복지사회를 실현하겠습니다.

2) 언론

- 이용자 중심의 미디어 복지를 구현하겠습니다.
- 지역방송 활성화로 지역 균형발전의 디딤돌 역할을 실현하겠습니다.
- 신문의 진흥과 지역신문 지원으로 건강한 신문언론을 발전시키겠습니다.
- 건강한 미디어 콘텐츠 생태계 구축으로 한류 르네상스를 실현하겠습니다.

2. 문재인 대통령의 연설문 모음

🦢 문재인 대통령 광화문에서의 당선 소감

사랑하는 국민여러분 안녕하십니까 문재인입니다.
고맙습니다. 정말 고맙습니다.

정의로운 나라, 통합의 나라, 원칙과 상식이 통하는
나라다운 나라 만들기 위해 함께 하신 위대한 국민들의 위대
한 승리입니다.
함께 경쟁했던 후보들에게도 위로와 감사를 전합니다.

새로운 대한민국을 위해 그 분들과도 손 잡고 함께 전진하겠습니다.

내일부터 저는 국민 모두의 대통령이 되겠습니다.

저를 지지하지 않았던 분들도 섬기는 통합대통령이 되겠습니다.

존경하는 국민여러분

국민들의 간절한 소망과 염원, 절대로 잊지 않겠습니다.

정의가 바로서는 나라, 국민이 이기는 나라 꼭 만들겠습니다.

상식이 상식으로 통하는 나라다운 나라, 꼭 만들겠습니다.

혼신의 힘을 다해 새로운 나라 꼭 만들겠습니다.

국민만 보고 바른 길로 가겠습니다.

위대한 대한민국, 정의로운 대한민국, 당당한 대한민국.

그 대한민국의 자랑스러운 대통령이 되겠습니다

감사합니다.

🍃 대통령 취임사

국민께 드리는 말씀

존경하고 사랑하는 국민 여러분, 감사합니다. 국민 여러분의 위대한 선택에 머리 숙여 깊이 감사드립니다. 저는 오늘 대한민국 제19대 대통령으로서 새로운 대한민국을 향해 첫걸음을 내딛습니다. 지금 제 두 어깨는 국민 여러분으로부터 부여받은 막중한 소명감으로 무겁습니다. 지금 제 가슴은 한 번도 경험하지 못한 나라를 만들겠다는 열정으로 뜨겁습니다. 그리고 지금 제 머리는 통합과 공존의 새로운 세상을 열어갈 청사진으로 가득 차 있습니다.

우리가 만들어가려는 새로운 대한민국은 숱한 좌절과 패배에도 불구하고 우리의 선대들이 일관되게 추구했던 나라입니다. 또 많은 희생과 헌신을 감내하며 우리 젊은이들이 그토록 이루고 싶어했던 나라입니다. 그런 대한민국을 만들기 위해 저는 역사와 국민 앞에 두렵지만 겸허한 맘으로 대한민국 19대 대통령으로서의 책임과 소명을 다할 것임을 천명합니다. 대한민국의 위대함은 국민의 위대함입니다. 그리고 이번 대통령 선거에서 우리 국민은 또 하나의 역사를 만들어주셨습니다.

전국 각지에서 고른 지지로 새로운 대통령을 선택해주셨습니다. 오늘부터 저는 국민 모두의 대통령이 되겠습니다. 저를 지지하지 않았던 국민 한분 한분도 저의 국민이고 우리의 국민으로 섬기겠습니다. 저는 감히 약속드립니다. 2017년 5월10일, 이 날은 진정한 국민 통합이 시작된 날로 역사에 기록될 것입니다. 존경하고 사랑하는 국민 여러분. 힘들었던 지난 세월, 국민은 이게 나라냐고 물었습니다. 대통령 문재인은 바로 그 질문에서 새로 시작하겠습니다. 오늘부터 나라를 나라답게 만드는 대통령이 되겠습니다. 구시대의 잘못된 관행과 과감히 결별하겠습니다. 대통령부터 새로워지겠습니다.

우선 권위적인 대통령 문화를 청산하겠습니다. 준비를 마치는 대로 지금의 청와대에서 나와 광화문 대통령 시대를 열겠습니다. 참모들과 머리와 어깨를 맞대고 토론하겠습니다. 국민과 수시로 소통하는 대통령이 되겠습니다. 주요 사안은 대통령이 직접 언론에 브리핑하겠습니다. 퇴근길에는 시장에 들러 마주치는 시민과 격의 없는 대화를 나누겠습니다. 때로는 광화문 광장에서 대토론회를 열겠습니다.

대통령의 제왕적 권력을 최대한 나누겠습니다. 권력기관은

정치로부터 완전히 독립시키겠습니다. 그 어떤 기관도 무소불위의 권력을 행사할 수 없도록 견제 장치를 만들겠습니다. 낮은 자세로 일하겠습니다. 국민과 눈높이를 맞추는 대통령이 되겠습니다. 안보 위기도 서둘러 해결하겠습니다. 한반도의 평화를 위해 동분서주하겠습니다. 필요하면 곧바로 워싱턴으로 날아가겠습니다. 베이징과 도쿄에도 가고 여건이 조성되면 평양에도 가겠습니다. 한반도의 평화 정착을 위해서라면 제가 할 수 있는 모든 일을 다 하겠습니다. 한미동맹은 더욱 강화하겠습니다. 한편으로 사드 문제 해결을 위해 미국 및 중국과 진지하게 협상하겠습니다. 튼튼한 안보는 막강한 국방력에서 비롯됩니다. 자주 국방력 강화하기 위해 노력하겠습니다. 북핵문제 해결할 토대도 마련하겠습니다. 동북아 평화구조 정착시켜 한반도 긴장완화 전기 마련하겠습니다.

함께 선거를 치른 후보들께 감사의 말씀과 함께 심심한 위로를 전합니다. 이번 선거에서는 승자도 패자도 없습니다. 우리는 새로운 대한민국을 함께 이끌어가야 할 동반자입니다. 이제 치열했던 경쟁의 순간을 뒤로하고 함께 손을 맞잡고 앞으로 전진해야 합니다. 존경하는 국민 여러분. 지난 몇 달 우리는 유례없는 정치적 격변기를 보냈습니다. 정치는 혼란스러웠지만 국민은 위대했습니다. 현직 대통령의 탄핵과 구속

앞에서도 국민이 대한민국의 앞길을 열어주셨습니다.

우리 국민은 좌절하지 않고 오히려 이를 전화위복의 계기로 승화시켜 마침내 오늘 새로운 세상을 열었습니다. 분열과 갈등의 정치도 바꾸겠습니다. 보수 진보 갈등 끝나야 합니다. 대통령이 나서서 직접 대화하겠습니다. 야당은 국정운영의 동반자입니다. 대화를 정례화하고 수시로 만나겠습니다.

전국적으로 고르게 인사를 등용하겠습니다. 능력과 적재적소를 인사의 대원칙으로 삼겠습니다. 저에 대한 지지 여부와 상관없이 유능한 인재를 삼고초려해서 일을 맡기겠습니다. 나라 안팎으로 경제가 어렵습니다. 민생도 어렵습니다. 선거 과정에서 약속했듯이 무엇보다 먼저 일자리를 챙기겠습니다. 동시에 재벌 개혁에도 앞장서겠습니다. 문재인 정부 하에서는 정경유착이란 말이 완전히 사라질 것입니다. 지역과 계층과 세대 간 갈등을 해소하고 비정규직 문제도 해결의 길을 모색하겠습니다. 차별 없는 세상을 만들겠습니다. 거듭 말씀드립니다. 문재인과 더불어민주당 정부에서 기회는 평등할 것입니다. 과정은 공정할 것입니다. 결과는 정의로울 것입니다.

존경하는 국민 여러분, 이번 대통령 선거는 전임 대통령의

탄핵으로 치러졌습니다. 불행한 대통령의 역사가 계속되고 있습니다. 이번 선거를 계기로 이 불행한 역사는 종식돼야 합니다. 저는 대한민국 대통령의 새로운 모범이 되겠습니다. 국민과 역사가 평가하는 성공한 대통령이 되기 위해 최선을 다하겠습니다. 그래서 지지와 성원에 보답하겠습니다. 깨끗한 대통령이 되겠습니다. 빈손으로 취임하고 빈손으로 퇴임하는 대통령이 되겠습니다. 훗날 고향으로 돌아가 평범한 시민이 되어 이웃과 정을 나눌 수 있는 대통령이 되겠습니다. 국민 여러분의 자랑으로 남겠습니다.

약속을 지키는 솔직한 대통령이 되겠습니다. 선거 과정에서 제가 했던 약속들을 꼼꼼하게 챙기겠습니다. 대통령부터 신뢰받는 정치를 솔선수범해야 진정한 정치 발전이 가능할 것입니다. 불가능한 일을 하겠다고 큰소리치지 않겠습니다. 잘못한 일은 잘못했다고 말씀드리겠습니다. 거짓으로 불리한 여론을 덮지 않겠습니다. 공정한 대통령이 되겠습니다. 특권과 반칙이 없는 세상을 만들겠습니다. 상식대로 해야 이득을 보는 세상을 만들겠습니다. 이웃의 아픔을 외면하지 않겠습니다. 소외된 국민이 없도록 노심초사 하는 맘으로 항상 살피겠습니다.

국민의 서러운 눈물을 닦아드리는 대통령이 되겠습니다. 소통하는 대통령이 되겠습니다. 낮은 사람, 겸손한 권력이 되어 가장 강력한 나라를 만들겠습니다. 군림하고 통치하는 대통령이 아니라 대화하고 소통하는 대통령이 되겠습니다. 광화문 시대 대통령이 되어 국민과 가까운 곳에 있겠습니다. 따뜻한 대통령, 친구 같은 대통령으로 남겠습니다.

사랑하고 존경하는 국민 여러분. 2017년 5월10일, 오늘 대한민국이 다시 시작합니다. 나라를 나라답게 만드는 대역사가 시작됩니다. 이 길에 함께해 주십시오. 저의 신명을 바쳐 일하겠습니다.

2017년 5월 10일
제19대 대한민국 대통령 문재인

5·18민주화운동 제37주년 기념사

존경하는 국민여러분!

오늘 5.18민주화운동 37주년을 맞아, 5.18묘역에 서니 감회가 매우 깊습니다. 37년 전 그날의 광주는 우리 현대사에서 가장 슬프고 아픈 장면이었습니다.

저는 먼저 80년 오월의 광주시민들을 떠올립니다. 누군가의 가족이었고 이웃이었습니다. 평범한 시민이었고 학생이었습니다. 그들은 인권과 자유를 억압받지 않는, 평범한 일상을 지키기 위해 목숨을 걸었습니다.

저는 대한민국 대통령으로서 광주 영령들 앞에 깊이 머리 숙여 감사드립니다. 오월 광주가 남긴 아픔과 상처를 간직한 채 오늘을 살고 계시는 유가족과 부상자 여러분께도 깊은 위로의 말씀을 전합니다.

1980년 오월 광주는 지금도 살아있는 현실입니다. 아직도 해결되지 않은 역사입니다. 대한민국의 민주주의는 이 비극의 역사를 딛고 섰습니다.

광주의 희생이 있었기에 우리의 민주주의는 버티고, 다시 일어설 수 있었습니다. 저는 오월 광주의 정신으로 민주주의를 지켜주신 광주시민과 전남도민 여러분께 각별한 존경의 말씀을 드립니다.

존경하는 국민여러분!

5.18은 불의한 국가권력이 국민의 생명과 인권을 유린한 우리 현대사의 비극이었습니다. 하지만 이에 맞선 시민들의 항쟁이 민주주의의 이정표를 세웠습니다.

진실은 오랜 시간 은폐되고, 왜곡되고, 탄압 받았습니다. 그러나 서슬퍼런 독재의 어둠 속에서도 국민들은 광주의 불빛을 따라 한걸음씩 나아갔습니다. 광주의 진실을 알리는 일이 민주화운동이 되었습니다.

부산에서 변호사로 활동하던 저도 다르지 않았습니다. 저 자신도 5.18때 구속된 일이 있었지만 제가 겪은 고통은 아무것도 아니었습니다.

광주의 진실은 저에게 외면할 수 없는 분노였고, 아픔을 함께 나누지 못했다는 크나큰 부채감이었습니다. 그 부채감이 민주화운동에 나설 용기를 주었습니다. 그것이 저를 오늘 이 자리에 서기까지 성장시켜준 힘이 됐습니다.

마침내 오월 광주는 지난 겨울 전국을 밝힌 위대한 촛불혁명으로 부활했습니다. 불의에 타협하지 않는 분노와 정의가 그곳에 있었습니다. 나라의 주인은 국민임을 확인하는 함성이 그곳에 있었습니다. 나라를 나라답게 만들자는 치열한 열정과 하나 된 마음이 그곳에 있었습니다.

저는 이 자리에서 감히 말씀드립니다. 새롭게 출범한 문재인

정부는 광주민주화운동의 연장선 위에 서있습니다.

1987년 6월항쟁과 국민의 정부, 참여정부의 맥을 잇고 있습니다.

저는 이 자리에서 다짐합니다. 새 정부는 5.18민주화운동과 촛불혁명의 정신을 받들어 이 땅의 민주주의를 온전히 복원할 것입니다. 광주 영령들이 마음 편히 쉬실 수 있도록 성숙한 민주주의 꽃을 피워낼 것입니다.

여전히 우리 사회의 일각에서는 오월 광주를 왜곡하고 폄훼하려는 시도가 있습니다. 용납될 수 없는 일입니다. 역사를 왜곡하고 민주주의를 부정하는 일입니다. 우리는 많은 사람들의 희생과 헌신으로 이룩된 이 땅의 민주주의의 역사에 자부심을 가져야 합니다.

새 정부는 5.18민주화운동의 진상을 규명하는 데 더욱 큰 노력을 기울일 것입니다. 헬기사격까지 포함하여 발포의 진상과 책임을 반드시 밝혀내겠습니다. 5.18 관련 자료의 폐기와 역사왜곡을 막겠습니다. 전남도청 복원 문제는 광주시와 협의하고 협력하겠습니다.

완전한 진상규명은 결코 진보와 보수의 문제가 아닙니다. 상식과 정의의 문제입니다. 우리 국민 모두가 함께 가꾸어야할

민주주의의 가치를 보존하는 일입니다.

5.18 정신을 헌법전문에 담겠다는 저의 공약도 지키겠습니다. 광주정신을 헌법으로 계승하는 진정한 민주공화국 시대를 열겠습니다.

5.18민주화운동은 비로소 온 국민이 기억하고 배우는 자랑스러운 역사로 자리매김 될 것입니다. 5.18정신을 헌법 전문에 담아 개헌을 완료할 수 있도록 이 자리를 빌어서 국회의 협력과 국민 여러분의 동의를 정중히 요청 드립니다.

존경하는 국민여러분!

'임을 위한 행진곡'은 단순한 노래가 아닙니다. 오월의 피와 혼이 응축된 상징입니다. 5.18민주화운동의 정신, 그 자체입니다.

'임을 위한 행진곡'을 부르는 것은 희생자의 명예를 지키고 민주주의의 역사를 기억하겠다는 것입니다. 오늘 '임을 위한 행진곡'의 제창은 그동안 상처받은 광주정신을 다시 살리는 일이 될 것입니다. 오늘의 제창으로 불필요한 논란이 끝나기를 희망합니다.

존경하는 국민여러분!

2년 전, 진도 팽목항에 5.18의 엄마가 4.16의 엄마에게 보낸 펼침막이 있었습니다. "당신 원통함을 내가 아오. 힘내소. 쓰러지지 마시오"라는 내용이었습니다. 국민의 생명을 짓밟은 국가와 국민의 생명을 지키지 못한 국가를 통렬히 꾸짖는 외침이었습니다.

다시는 그런 원통함이 반복되지 않도록 하겠습니다. 국민의 생명과 사람의 존엄함을 하늘처럼 존중하겠습니다. 저는 그것이 국가의 존재가치라고 믿습니다.

저는 오늘, 오월의 죽음과 광주의 아픔을 자신의 것으로 삼으며 세상에 알리려했던 많은 이들의 희생과 헌신도 함께 기리고 싶습니다.

1982년 광주교도소에서 광주진상규명을 위해 40일 간의 단식으로 옥사한 스물아홉 살, 전남대생 박관현. 1987년 '광주사태 책임자 처벌'을 외치며 분신 사망한 스물다섯 살, 노동자 표정두.

1988년 '광주학살 진상규명'을 외치며 명동성당 교육관 4층에서 투신 사망한 스물네 살, 서울대생 조성만. 1988년 '광주는 살아있다' 외치며 숭실대 학생회관 옥상에서 분신 사망한 스물다섯 살, 숭실대생 박래전.

수많은 젊음들이 5월 영령의 넋을 위로하며 자신을 던졌습니다. 책임자 처벌과 진상규명을 촉구하기 위해 목숨을 걸었습니다.

국가가 책임을 방기하고 있을 때, 마땅히 밝히고 기억해야 할 것들을 위해 자신을 바쳤습니다. 진실을 밝히려던 많은 언론인과 지식인들도 강제해직되고 투옥 당했습니다.

저는 오월의 영령들과 함께 이들의 희생과 헌신을 헛되이 하지 않고 더 이상 서러운 죽음과 고난이 없는 대한민국으로 나아가겠습니다. 참이 거짓을 이기는 대한민국으로 나아가겠습니다.

광주시민들께도 부탁드립니다. 광주정신으로 희생하며 평생을 살아온 전국의 5.18들을 함께 기억해주십시오. 이제 차별과 배제, 총칼의 상흔이 남긴 아픔을 딛고 광주가 먼저 정의로운 국민통합에 앞장서 주십시오.

광주의 아픔이 아픔으로 머무르지 않고 국민 모두의 상처와 갈등을 품어 안을 때, 광주가 내민 손은 가장 질기고 강한 희망이 될 것입니다.

존경하는 국민여러분!

오월 광주의 시민들이 나눈 '주먹밥과 헌혈'이야말로 우리의 자존의 역사입니다. 민주주의의 참 모습입니다. 목숨이 오가는 극한 상황에서도 절제력을 잃지 않고 민주주의를 지켜낸 광주정신은 그대로 촛불광장에서 부활했습니다.

촛불은 5.18민주화운동의 정신 위에서 국민주권시대를 열었

습니다. 국민이 대한민국의 주인임을 선언했습니다. 문재인 정부는 국민의 뜻을 받드는 정부가 될 것임을 광주 영령들 앞에 천명합니다.

서로가 서로를 위하고 서로의 아픔을 어루만져주는 대한민국이 새로운 대한민국입니다. 상식과 정의 앞에 손을 내미는 사람들이 많아질수록 숭고한 5.18정신은 현실 속에서 살아 숨쉬는 가치로 완성될 것입니다.

다시 한 번 삼가 5.18영령들의 명복을 빕니다.

감사합니다.

🕊 장진호 전투기념비 방문 기념사

존경하는 로버트 넬러 해병대 사령관님, 옴스테드 장군님을 비롯한
장진호전투 참전용사 여러분,
흥남철수작전 관계자와 유족 여러분, 특히 피난민 철수에 결정적인 역할을 하신 알몬드 장군님과 현봉학 박사님의 가족분들 모두 반갑습니다.

장진호 전투 기념비 앞에서 여러분을 뵙게 되니 감회가 깊습니다.
꼭 한번 와보고 싶었던 곳에 드디어 왔습니다.
오늘 대한민국 대통령으로서 첫 해외순방의 첫 일정을
이곳에서 시작하게 돼 더욱 뜻이 깊습니다.

67년 전인 1950년,
미 해병들은 '알지도 못하는 나라, 만난 적도 없는 사람들'을 위해
숭고한 희생을 치렀습니다.

그들이 한국전쟁에서 치렀던 가장 영웅적인 전투가

장진호 전투였습니다.
장진호 용사들의 놀라운 투혼 덕분에
10만여명의 피난민을 구출한
흥남철수 작전도 성공할 수 있었습니다.

그 때 메러디스 빅토리 호에 오른 피난민 중에
저의 부모님도 계셨습니다.

'피난민을 구출하라'는 알몬드 장군의 명령을 받은
故 라루 선장은 단 한 명의 피난민이라도 더 태우기 위해

무기와 짐을 바다에 버렸습니다.
무려 14,000명을 태우고
기뢰로 가득한 '죽음의 바다'를 건넌 자유와 인권의 항해는
단 한 명의 사망자 없이 완벽하게 성공했습니다.

1950년 12월 23일 흥남부두를 떠나
12월 25일 남쪽 바다 거제도에 도착할 때까지
배 안에서 5명의 아기가 태어나기도 했습니다.

크리스마스의 기적!

인류 역사상 최대의 인도주의 작전이었습니다.

2년 후, 저는 빅토리 호가 내려준 거제도에서 태어났습니다.
장진호의 용사들이 없었다면,
흥남철수작전의 성공이 없었다면,
제 삶은 시작되지 못했을 것이고,
오늘의 저도 없었을 것입니다.

그러니 여러분의 희생과 헌신에 대한 고마움을
세상 그 어떤 말로 표현할 수 있겠습니까?
존경과 감사라는 말로는 너무나 부족한 것 같습니다.

저의 가족사와 개인사를 넘어서서,
저는 그 급박한 순간에 군인들만 철수하지 않고
그 많은 피난민들을 북한에서 탈출시켜준
미군의 인류애에 깊은 감동을 느낍니다.
장진호 전투와 흥남철수작전이
세계전쟁 사상 가장 위대한 승리인 이유입니다.

제 어머니의 말씀에 의하면,
항해도중 12월 24일,

미군들이 피난민들에게 크리스마스 선물이라며
사탕을 한 알씩 나눠줬다고 합니다.
알려지지 않은 이야기입니다.

비록 사탕 한 알이지만
그 참혹한 전쟁통에 그 많은 피난민들에게
크리스마스 선물을 나눠준
따뜻한 마음씨가 저는 늘 고마웠습니다.

존경하는 장진호 용사와 후손 여러분!
대한민국은 여러분과 부모님의 희생과 헌신을 기억하고 있습니다.
감사와 존경의 기억은 영원히 계속될 것입니다.

한미동맹은 그렇게 전쟁의 포화 속에서 피로 맺어졌습니다.
몇 장의 종이 위에 서명으로 맺어진 약속이 아닙니다.
또한 한미동맹은 저의 삶이 그런 것처럼
양국 국민 한 사람 한 사람의 삶과 강하게 연결되어 있습니다.

그렇기 때문에 저는 한미동맹의 미래를 의심하지 않습니다.
한미동맹은 더 위대하고 더 강한 동맹으로 발전할 것입니다.

존경하는 장진호 용사와 후손 여러분!
67년 전, 자유와 인권을 향한 빅토리 호의 항해는
앞으로도 계속되어야 합니다.
저 또한 기꺼이 그 길에 동참할 것입니다.

트럼프 대통령과 굳게 손잡고 가겠습니다.
위대한 한미동맹의 토대 위에서
북핵 폐기와 한반도 평화,
나아가 동북아 평화를 함께 만들어 가겠습니다.

이 자리에 함께 하고 계십니다만,
메러디스 빅토리 호의 선원이었던
로버트 러니 변호사님의 인터뷰를 봤습니다.
'죽기 전에 통일된 한반도를 꼭 보고 싶다'는 말씀에
가슴이 뜨거워졌습니다.
그것은 저의 꿈이기도 합니다.

오늘 저는 이곳에 한 그루 산사나무를 심습니다.
산사나무는 별칭이 윈터 킹(Winter King)입니다.
영하 40도의 혹한 속에서 영웅적인 투혼을 발휘한
장진호 전투를 영원히 기억하기 위해서입니다.

이 나무처럼

한미동맹은 더욱 더 풍성한 나무로 성장할 것입니다.

통일된 한반도라는 크고 알찬 결실을 맺을 것입니다.

이제 생존해 계신 분이 50여 분 뿐이라고 들었습니다.

오래도록 건강하고 행복하십시오.

다시 한 번 장진호 참전용사와

흥남철수 관계자, 그리고 유족 여러분께

감사와 존경의 인사를 드립니다.

감사합니다.

2017년 6월 28일

제19대 대한민국 대통령 문 재 인

✎ 문재인 대통령 국회 시정연설

존경하는 국민 여러분,

정세균 국회의장님과 국회의원 여러분,

정부가 편성한 내년도 예산안을 국민과 국회에 직접 설명드리고, 국회의 협조를 부탁드리고자 이 자리에 섰습니다. 오늘 저는, 여러분과 함께 한 가지 기억을 떠올려보는 것으로 연설을 시작하려 합니다. 우리 국민 모두의 삶을 뒤흔들었던 역사적 사건이었습니다.

정확히 20년 전입니다. 그것은 어느 날 불쑥 날아든 해고통지였고, 가장의 실직이었으며, 구조조정과 실업의 공포였습니다. 특정한 사람들에게만 가해진 충격이 아니었습니다. IMF 외환위기는 우리 국민 모두에게 그때까지 경험하지 못했던 큰 충격을 주었습니다. 경제적 충격만이 아니었습니다. 심리적·정서적 충격이 국민의 삶 전체를 뒤흔들었습니다.

그로부터 20년이 지난 지금, 우리 경제는 매우 건실해졌습니다. 외환보유액은 세계 9위 수준이 되었습니다. 금융과 기업의 수익성도 크게 나아졌습니다. 국제 신용평가기관들도 우리나라의 신용등급을 역대 최고수준으로 평가하고 있습니

다. 한국경제는 국가부도사태를 맞았던 그때와는 완전히 달라졌습니다.

우리 국민들의 힘이 컸습니다. 국민들은 대대적인 금모으기 운동으로 국가경제를 살리고, 기업을 살렸습니다. 그야말로 피눈물 나는 세월을 견디고 버텨 위기를 극복해냈고, 국가경제는 더 크게 성장했습니다.

그러나 그 후유증은 국민들의 삶을 바꾸어버렸습니다. 저성장과 실업이 구조화되었고, 중산층이라는 자부심이 사라졌습니다. 송두리째 흔들린 삶의 기반을 복구하는 것은 오로지 개인의 능력과 책임에 맡겨졌습니다. 작은 정부가 선(善)이라는 고정관념 속에서 국민 개개인은 자신과 가정을 지키기 위해 사력을 다해야 했습니다.

과로는 실직의 공포와 경쟁에서 살아남기 위해 감당해야 하는 당연한 일이었습니다. 나의 실패를 내 자식이 다시 겪지 않도록 자녀교육과 입시에 모든 것을 쏟아 부었습니다. 선배 세대들의 좌절은 청년들로 하여금 전문직이나 공공부문 같은 안정적인 직장을 열망하도록 만들었습니다.

무한경쟁사회에서 나를 지켜주는 것은 상식과 원칙이 아니더라는 생각도 커져갔습니다. 한번 실패하면 재기할 기회조차 갖기 어려운 구조에서 양보와 타협, 연대와 배려는 특별한 용기가 필요한 일이 되었습니다. 외환 위기가 바꾸어놓은 사회경제구조는 이렇듯 국민의 삶을 무너뜨렸습니다.

세월호 광장과 촛불집회는 지난 세월 우리 사회의 부조리와 모순을 한꺼번에 드러낸 공론의 장이었습니다. 국민들은 "국가의 존재 이유가 무엇이냐"고 물었습니다. 부정부패와 단호히 결별하고, 불평등과 불공정을 바로잡을 것을 요구했습니다. 그것은 아무리 노력해도 개인의 힘만으로는 고단한 삶에서 벗어날 수 없는 현실에 대한 고발이었습니다. 국민의 삶과 민주주의를 위협하는 사회경제적 불평등을 해소하자는 선언이었습니다.

촛불혁명은 민주주의의 회복을 넘어 새로운 민주주의의 미래를 밝힌 이정표였습니다. 국가가 국민을 위해 무엇을 해야 하는지, 나라다운 나라를 찾아나서는 과정이 시작되었습니다.

존경하는 국민 여러분,
보다 민주적인 나라, 보다 공정하고 정의로운 나라는 국민이 요구한 새 정부의 책무입니다.

저는 이 책무를 다하는 것을 저의 사명으로 여깁니다. 저는 다른 욕심이 없습니다. 제가 이 책무를 절반이라도 해낼 수 있다면 저의 시대적 소명을 다한 것으로 여길 수 있을 것입니다. 감히 바라건대 국회도, 나아가서는 우리 정치 모두가 적어도 이 책무만큼은 공동의 책무로 여겨주실 것을 간절히 바랍니다.

국민은 누구나 자기 삶의 모든 영역에서 인간으로서의 존엄성을 존중받고 보호받아야 합니다. 성실하게 하루 8시간 일하면 먹고사는 걱정은 없도록 정책을 혁신해야 합니다. 아프면 돈 걱정 없이 치료받을 수 있도록 제도를 개선해야 합니다. 자신의 꿈과 재능을 펼칠 기회를 부당하게 빼앗기지 않도록 잘못된 관행을 청산해야 합니다.

저와 정부는 지난 6개월, 국민의 뜻을 받들어 대한민국을 나라답게, 정의롭게 혁신하기 위한 국가혁신의 기반을 마련해 왔습니다.

경제를 새롭게 하겠습니다.

경제가 성장해도 가계소득은 줄어들고 경제적 불평등이 갈수록 커지는 구조를 바꿔야 합니다. 양극화가 경제성장과 국민통합을 가로막는 상황을 개선해야 합니다. 그래야 국민의 삶에도, 국가에도 미래가 있습니다.

새 정부가 표방하는 '사람중심 경제'는 결코 수사가 아닙니다. 바로 이런 절박한 현실인식에서 출발했습니다. '사람중심 경제'는 우리 경제의 패러다임을 바꾸겠다는 것입니다. 재벌대기업 중심 경제는 빠르게 우리를 빈곤으로부터 일으켜 세웠습니다. 2차 세계대전 이후 세계 어느 나라도 이루지 못한 놀라운 경제발전을 가능하게 했습니다. 그러나 정체된 성장과 고단한 국민의 삶이 증명하듯이 더 이상 우리의 미래를 보장하지 못합니다.

'사람중심 경제'는 우리 자신과 우리 후대들을 위한 담대한 변화입니다. 저는 바로 지금이 변화의 적기라고 믿습니다. 20년 전 우리는 국가부도를 막고 외채를 상환하기 위해 많은 것을 희생해야 했습니다. 그러나 지금 우리는 스스로 변화할 준비가 되어 있습니다. 무엇보다 변화를 요구하는 국민의 뜻이 그 어느 때보다 절실합니다. 또한 변화의 기대가 우리 경제에 활력을 주고 있습니다.

우리가 가려는 방향에 세계도 공감하고 있습니다. G20 정상회의, IMF, OECD, 다보스 포럼에서도 양극화 해소와 포용적 성장 그리고 사람중심 경제가 화두였습니다. 유엔총회도 '사람을 중심으로(Focusing on people)'를 주제로 삼았습니다.

저는 세계가 고민하는 저성장과 양극화 문제에 대해 우리가 선구적으로 해답을 제시할 수 있을 것이라고 자신합니다. 국민들과 함께 '사람중심 경제'를 이뤄내면 우리 경제가 새롭게 도약하는 것은 물론, 세계경제에도 희망의 메시지를 던질 수 있다고 생각합니다.

'사람중심 경제'는 경제성장의 과실이 모두에게 골고루 돌아가는 경제입니다. 일자리와 늘어난 가계소득이 내수를 이끌어 성장하는 경제입니다. 혁신창업과 새로운 산업의 기회를 가질 수 있는 경제입니다. 모든 사람, 모든 기업이 공정한 기회와 규칙 속에서 경쟁하는 경제입니다.

저는 이것을 일자리와 소득주도 성장, 혁신 성장, 공정경제라는 세 개의 축으로 말씀드려 왔습니다.

혁신적 도전과 성공에 대한 확신이 우리 경제를 바꿀 수 있습니다. 정부는 우리 국민의 저력을 믿고, 사람중심 경제를 힘차게 추진하겠습니다. 경제와 사회가 따로일 수 없습니다. 경제와 사회 모든 영역에서 불공정과 특권의 구조를 바꾸겠습니다.

국민 누구라도 낡은 질서나 관행에 좌절하지 않도록, 국민 누구라도 평등하고 공정한 기회를 갖도록 바꿔나가겠습니다. 이것이 제가 말하는 적폐청산입니다. 국가권력기관의 개혁은 사회적 신뢰 회복을 위한 선결과제입니다. 국정원은 국민의 정보기관으로 탈바꿈해야 합니다. 국정원이 국내정치와 절연하고 해외와 대북 정보에만 전념하도록 개혁하겠습니다. 저의 의지는 확고합니다. 국회가 입법으로 뒷받침해 주시기를 기대하고 요청합니다.

검찰도 오직 국민만을 바라보는 기관으로 다시 태어나야 합니다. 검찰의 변화를 요구하는 국민의 뜻이 하늘처럼 무겁습니다. 법무부가 고위공직자범죄수사처 방안을 마련한 것은 이러한 국민들의 여망을 반영한 것입니다. 법안이 통과된다면, 대통령인 저와 제 주변부터 공수처의 수사대상이 될 것입니다. 법안이 조속히 논의되고 법제화될 수 있도록 국회의 협조를 부탁드립니다.

권력이 국민의 기회를 빼앗는 일도 없어야 합니다. 최근 드러난 공공기관 채용비리는 우리 청년들이 무엇 때문에 절망하고 있는지, 그대로 보여줬습니다. 공공기관이 기회의 공정성을 무너뜨리는 일은 결코 용납할 수 없습니다. 구조적인 채용-비리 관행을 반드시 혁파하겠습니다. 공공기관의 전반적 채용비리 실태를 철저히 규명하여 부정행위자는 물론 청탁자에게도 엄중한 책임을 묻는 시스템을 갖추겠습니다.

정부는 국가기관과 공공부문, 더 나아가 사회전반의 부정과 부패, 불공정이 국민의 삶을 억압하는 일이 없도록 모든 노력을 다해갈 것입니다. 더 이상 반칙과 특권이 용인되지 않는 나라로 정의롭게 혁신하겠습니다. 그 일에 국회가 함께 해주실 것을 요청드립니다.

한반도는 우리 국민이 살고 있고 살아갈 삶의 공간입니다. 안전해야 합니다. 평화로워야 합니다. 이는 헌법이 대통령에게 부여한 책무이기도 합니다.

새 정부는 그 어느 때보다 엄중한 안보환경에서 출범했습니다. 정부는 당면한 상황을 안정적으로 관리하는 한편, 궁극적으로 한반도에 평화를 실현하기 위해 노력하고 있습니다.

우리 정부는 출범 이래로 지금까지 확고하고도 일관된 원칙을 가지고 한반도 문제에 임해왔습니다. 앞으로도 마찬가지일 것입니다.

첫째, 한반도 평화정착입니다. 우리가 이루려는 것은 한반도 평화입니다. 따라서 어떠한 경우에도 한반도에서 무력충돌은 안 됩니다. 한반도에서 대한민국의 사전 동의 없는 군사적 행동은 있을 수 없습니다.

둘째, 한반도 비핵화입니다. 남북이 공동 선언한 한반도 비핵화선언에 따라 북한의 핵보유국 지위는 용납할 수도 인정할 수도 없습니다. 우리도 핵을 개발하거나 보유하지 않을 것입니다.

셋째, 남북문제의 주도적 해결입니다. 우리 민족의 운명은 우리 스스로 결정해야 합니다. 식민과 분단처럼 우리의 의사와 무관하게 우리 운명이 결정된 불행한 역사를 반복하지 않을 것입니다.

넷째, 북핵문제의 평화적 해결입니다. 제재와 압박은 북한을 바른 선택과 대화의 장으로 이끌기 위한 수단입니다. 우리 정부

의 원칙에 미국은 물론 국제사회도 인식을 함께하고 있습니다.

다섯째, 북한의 도발에 대해서는 단호히 대응하는 것입니다. 이를 위해, 압도적인 힘의 우위를 확보해야겠습니다. 굳건한 한미동맹을 토대로 국제사회와도 적극 공조하겠습니다.
우리 정부는 이상의 원칙을 바탕으로 한반도 문제 해결을 위해 다각도로 노력하고 있습니다. 저는 국민과 헌법 앞에 선서한 대로 국민을 보호하고, 평화로운 한반도를 실현하기 위해 할 수 있는 모든 일을 다 하겠습니다. 북핵문제 앞에서 정부와 국회, 여와 야가 따로일 수 없습니다. 한반도 정책에 있어서만큼은 초당적인 협조가 있기를 기대합니다.

존경하는 국민 여러분,
국회의원 여러분,

정부는 '사람중심 경제'를 본격 추진하고, 민생과 튼튼한 안보를 뒷받침하기 위해 2018년 예산안과 세법개정안을 국회에 제출했습니다. 내년도 예산안 총지출은 429조원입니다. 올해보다 7.1% 증가한 수준으로 세계 금융위기 이후 가장 높은 증가율입니다. 새 정부 출범 후 처음 편성한 예산입니다. 경제와 민생을 살리기 위해 재정이 보다 적극적인 역할을 해야 한다고 판단했습니다.

재정건전성 유지에도 만전을 기했습니다. 불요불급한 예산에 대한 강도 높은 구조조정을 통해 11조5천억원의 지출을 줄였습니다. 5조5천억원의 추가 세수가 확보되도록 세법개정안도 제출했습니다. 국가채무는 GDP 대비 39.6%로 올해와 비슷한 수준을 유지하도록 했습니다.

내년도 예산안과 세제개편안은 '일자리', '가계소득 증대', '혁신성장', '국민안전과 안보'에 중점을 두었습니다.

먼저 일자리 예산을 대폭 증액했습니다. 올해보다 2조 1000억원 증가한 19조 2000억원입니다. 우리 국민들, 특히 청년들에게 가장 절실한 예산입니다. 요즘 우리 경제가 좋아지고 있는데, 고용상황이 개선된다면 우리 경제는 더욱 상승세를 탈 수 있을 것입니다.

공공부문이 고용창출을 선도하고, 국민들에게 필요한 서비스를 제대로 제공할 수 있도록 했습니다. 경찰, 집배원, 근로감독관 등 민생현장 공무원 3만 명을 늘리고, 보육, 요양 등 사회서비스 일자리도 1만 2천개 만들겠습니다.

민간부문에서도 좋은 일자리가 많이 만들어지도록 지원하겠습니다. 중소기업이 청년 3명을 정규직으로 채용할 경우 한 명 분 임금을 지원하는 중소기업 추가채용 제도를 내년에 2만 명으로 늘리겠습니다. 고용을 늘린 중견기업과 중소기업에 대한 세제지원을 확대했습니다.

일자리의 질을 개선하기 위한 지원도 강화했습니다. 예산안이 통과되면, 비정규직을 정규직으로 전환하는 중소기업은 1인당 전환지원금과 세제지원이 대폭 늘어납니다. 임금을 인상한 중소기업의 세액공제율도 2배 확대됩니다.

둘째, 국민들의 가처분 소득을 늘려주는 예산을 대폭 증액했습니다. 가계의 기초소득을 늘리고, 생계비 부담을 줄여줌으로써 소비나 저축에 여력이 생기도록 하려는 것입니다. 서민층의 소득증대는 소득주도 성장의 기반이기도 합니다.

주거급여와 교육급여를 인상해 기초생활보장 급여를 현실화하겠습니다. 저소득층 청년들이 활용하도록 청년희망키움통장 제도를 신설했습니다. 가계의 의료비 부담을 대폭 줄이고 국가 책임을 높였습니다. 재난적 의료비 지원 대상을 4대 중증질환에서 모든 질환으로 확대하고, 치매안심센터와 요양

시설 등 치매국가책임제 시설을 확충하도록 했습니다. 5세 이하 아동의 아동수당을 도입하여 내년 7월부터 월 10만원씩 지원하겠습니다. 아이들 양육부담을 조금이나마 덜어줄 것으로 기대합니다.

세계 최고수준의 노인 빈곤율은 우리의 부끄러운 현실입니다. 기초연금을 월 25만원으로 인상하고 지급대상을 확대하겠습니다. 어르신 일자리 지원 대상을 51만 4000명으로 확대하겠습니다. 장애인연금을 기초연금과 함께 25만원으로 인상하고, 장애인 일자리도 1만 6000명으로 확대하겠습니다.

소상공인과 영세중소기업 지원도 확대했습니다. 최저임금 인상에 따른 부담을 완화하고 고용이 유지될 수 있도록 일자리 안정자금을 2조9704억원 편성했습니다. 1인 영세자영업자에게는 2년간 고용보험료 30%를 지원합니다.

국가유공자 예우는 국가가 해야 할 최소한의 의무입니다. 참전수당과 무공수당을 월 8만원씩 인상했습니다. 참전수당은 월 22만원에서 30만원으로 늘어납니다. 참전유공자 의료비 감면율도 60%에서 90%로 대폭 확대했습니다. 지금까지 지원대상에서 제외되었던 독립유공자 후손들께는 최대 46만 8000원까지 생활비를 지원할 것입니다.

소득주도 성장을 뒷받침하기 위해 세법 개정도 추진합니다. 초고소득자의 소득세율과 과표 2000억원 이상 초대기업의 법인세율을 인상하는 세법개정안을 국회에 제출했습니다. 이를 통해, 서민·중산층, 소상공인과 중소기업 지원을 보다 강화할 수 있을 것으로 기대됩니다. 부자와 대기업이 세금을 좀 더 부담하고, 그만큼 더 존경받는 세상이 바람직하다고 생각합니다.

셋째, 4차 산업혁명과 벤처창업으로 새로운 성장기반과 좋은 일자리를 만들기 위해 혁신성장 예산을 중점 반영했습니다. 우선, 4차 산업혁명의 핵심·융합기술 개발을 위해 총 1조 5000억원을 투자하겠습니다. 특히, 중소기업간 공동연구 지원을 확대하고, 스마트 공장 지원 등 지능정보화에 착수하겠습니다.

성장동력을 찾고, 좋은 일자리를 만들 수 있는 혁신창업에 특히 많은 지원이 이루어지도록 했습니다. 추경을 통해 8000억원을 추가 출자한 중소기업지원펀드에 이어서 내년에는 투융자 복합 금융지원을 확대하고, 재도전 성공패키지 지원대상을 늘리겠습니다. 사내창업프로그램 지원을 새로 도입하고, 민관합동 창업지원, 사회적기업 창업지원도 대폭 확대했습니다.

창의적인 아이디어를 사업화·창업으로 연결시키는 핵심기반으로 한국형 창작활동공간을 75곳 설치하겠습니다. 젊은 이들의 창의적인 아이디어가 사업화될 수 있도록 하겠습니다. 아울러, 지역의 혁신도시를 대단지 혁신클러스터로 발전시키겠습니다.

넷째, 안전한 대한민국을 위해 환경·안전·안보분야 예산을 확대했습니다. 국민의 생명과 안전을 지키는 일은 국가의 기본적인 책무이며, 나라다운 나라의 출발점입니다. 국민들의 염려가 큰 미세먼지 등 환경 개선을 위해 노후경유차와 화물차 조기폐차를 늘리고 전기차에 대한 지원을 확대했습니다.

가습기 살균제 피해자와 가족에 대해 국가도 책임을 함께 하겠습니다. 피해자들이 피해구제를 받는 데 차질이 없도록 가습기 특별구제 계정에 정부가 100억 원을 신규 출연하도록 하였습니다. 또한, 유사한 피해가 재발하지 않도록 살생물제 안전관리 예산 183억도 반영하였습니다.

먹거리 안전 문제도 빼놓을 수 없습니다. 농수산물 안전성

조사를 확대하여 안전관리를 강화하겠습니다. 되풀이되는 가축질병에 조기 대응하기 위한 예산도 확대했습니다.

재해와 재난에 대한 국민의 염려를 덜어드리겠습니다. 연례적 가뭄에 대비한 저수지간 수계연계사업을 실시하겠습니다. 버스와 화물차 교통사고를 예방하는 첨단안전장치 장착을 지원하겠습니다.

국방예산은 자주국방능력을 갖춘 강한 군대를 만들기 위해 2009년 이후 최고 수준인 6.9%를 증액하였습니다. 특히, 방위력 개선 예산을 10.5% 대폭 확대하였습니다. 북한의 위협으로부터 국민을 보호하기 위해 한국형 3축 체계를 조기에 구축하겠습니다. 아울러, 병사 봉급을 병장기준 월 21만 6000원에서 40만 6000원으로 대폭 인상하여 사병 복지와 사기를 높이겠습니다.

존경하는 국민 여러분,
국회의원 여러분,

국가가 자신의 역할을 다할 때 국민은 희망을 놓치지 않고 살아갈 수 있습니다. 어려울 때 국가가 든든하게 지켜주고 있다는 믿음을 주어야 합니다. 그것이 국가의 존재이유입니다.

한 사람의 국민이 대한민국에서 인간답게 살아가기 위해서는 국방예산, 안전예산, 일자리예산, 아동수당, 창업예산 등이 씨줄 날줄로 엮여 뒷받침되어야 한다고 저는 생각합니다. 무엇하나 중요하지 않은 것이 없습니다. 예산은 단순한 숫자가 아닙니다. 정부의 정책방향이며, 우리가 지향하는 가치입니다. 이번 예산은 당면한 우리 경제?사회 구조의 문제를 해결하기 위한 고민의 산물입니다.

이번 예산편성에서 또 한 가지 의미 있는 부분은 '국민참여예산제'의 시범적 도입입니다. 국민 설문조사를 통해 선정된 사업들입니다. 500억원의 범위 안에서 여성안심 임대주택 지원사업 356억원, 재택 원격근무 인프라 지원 20억원 등 6개 사업이 편성되었습니다. 앞으로 재정정보 공개를 더욱 확대하고 국민참여예산을 본격적으로 도입하여 국민과 함께하는 예산이 되도록 할 것입니다.

이번 예산사업에는 지난 선거에서 야당이 함께 제안한 공통 공약사업도 많습니다. 청년대책, 비정규직 문제, 아동수당 도입, 육아휴직 확대, 국공립보육시설 확충, 건강보험 보장

성 강화 등입니다. 새 정부가 의욕적으로 추진하는 국정과제
와 지난 대선의 공통공약, 안보 문제에 대해서 대승적 차원
에서 국회의 적극적인 이해와 협조를 특별히 부탁드립니다.

존경하는 국민 여러분,
국회의원 여러분,

우리는 지금, 국가의 존재 이유를 묻는 국민들에게 성실하게
대답해야 합니다. 나라답고 정의로운 국가를 돌려드리겠다
고 대답해야 합니다. 정치·경제·사회·문화 전 분야에서 대
한민국을 바로 세우겠다고 약속해야 합니다. 그동안 모든 책
임을 스스로 짊어져야 했던 국민들께 이제는 국가가 국민의
삶을 책임지겠다고 나서야 합니다.

안보와 민생에는 여야가 따로 없습니다. '여야정 국정 상설
협의체'의 운영을 다시 한 번 촉구합니다.
개헌은 국민의 뜻을 받드는 일입니다. 변화한 시대에 맞게
국민의 기본권을 확대해야 합니다. 수도권과 지방이 함께 발
전할 수 있도록 지방분권과 자치를 강화해야 합니다. 개헌은
내용에 있어서도, 과정에 있어서도 국민의 참여와 의사가 반
영되는 국민개헌이어야 합니다. 국민주권을 보장하고 정치

를 개혁하는 개헌이어야 합니다.

저는 내년 지방선거 때 개헌 국민투표를 함께 하는 것이 바람직하다고 생각합니다. 그 시기를 놓친다면 국민들이 개헌에 뜻을 모으기가 쉽지 않을 것입니다. 국회에서 일정을 헤아려 개헌을 논의해 주시기를 당부드립니다. 개헌과 함께 국민의 정치적 의사를 정확하게 반영하는 선거제도의 개편도 여야 합의로 이뤄지기를 희망합니다. 개헌과 선거제도 개편으로 새로운 국가의 틀이 완성되길 기대하며 정부도 책임 있는 역할을 다하겠습니다.

존경하는 국민 여러분,
정세균 국회의장님과 국회의원 여러분,

지난 10월 20일, 신고리 5·6호기 공론화과정이 마무리되었습니다. 시민참여단은 반대 의견을 경청하고 배려하며 통합과 상생의 힘을 보여주셨습니다. 사회적 대화와 대타협이 얼마든지 가능하다는 것을 확인시켜 주었습니다. 참으로 우리국민들이 자랑스럽습니다. 우리 국민들은 언제나 정치의 변화를 주도해 왔습니다. 지금도 국민들은 정치의 혁신을 요구하고 있습니다. 내 삶을 바꾸는 정치를 요구하며 스스로 나

서고 있습니다. 이제 우리 정치권이 국민의 의지를 받들어 실천할 때입니다. 우리 정치가 뒤처지지 않고 협력하여 국민의 기대에 부응해야 합니다.

100일 앞으로 다가온 평창동계올림픽과 패럴림픽의 성공은 국가적 과제입니다. 오늘은 그리스에서 출발한 성화가 도착하는 날이기도 합니다. 평창동계올림픽과 패럴림픽은 한반도의 평화를 다질 수 있는 절호의 기회입니다. 국회와 의원님들께서 관심을 갖고 함께해 주시길 부탁드립니다.

상식과 정의가 나를 지켜줄 수 있는 나라, 양보와 타협, 연대와 배려가 미덕이 되는 나라, 국민이 주인인 나라를 위해 국회가 함께해 줄 것이라 믿습니다. 국민의 희망이 반드시 국회에서 피어나길 바라마지 않습니다.

감사합니다.
2017년 11월 1일
대한민국 대통령 문 재 인

➡➤➤➤➤
문재인 대통령 프로필

1953년 경남 거제 출생 (음력 1952년생)

1965년 부산남항초등학교 졸업

1968년 경남중학교 졸업

1971년 경남고등학교 졸업

1972년 경희대학교 법대 입학

1975년 학생운동으로 투옥, 서대문 구치소 수감

1978년 육군 병장(특전사령부 제1공수 특전여단) 만기제대

1980년 경희대학교 법대 졸업

1980년 제22회 사법고시 합격

1981년 김정숙씨와 결혼(슬하에 1남 1녀)

1982년 노무현 변호사와 합동법률사무소 시작

　　　　부산지방변호사회 인권위원장, 부산 YMCA 이사

　　　　민주사회를 위한 부산 경남 변호사 모임 대표

　　　　부산 NCC 인권위원, 불교 인권위원, 천주교 인권위원회
　　　　인권위원

　　　　(사)노동자를 위한 연대 대표, 부산시 교육청 행정심판위원

　　　　부산지방노동위원회 공익위원, 해양대학교 해사법학과 강사

1985년 부산민주시민협의회 상임위원

1987년 부산 국민운동본부 상임집행위원

1995년 법무법인 부산 설립

2002년 노무현 대통령후보 부산 선거대책본부장

2003년 ~2005 청와대 민정수석

2004년 청와대 시민사회수석

2007년 청와대 비서실장

제2차 남북정상회담 추진위원회 위원장

2009년 故노무현 前대통령 국민장의위원회 상임집행위원장

2010년 사람사는 세상 노무현재단 이사장

2011년 혁신과 통합 상임공동대표

2012년 민주통합당 상임고문

민주통합당 국회의원(부산 사상)

2012.07 제19대 국회 기획재정위원회 위원

2013.05 제19대 국회의원 (부산 사상구/민주당)

2014.03 제19대 국회의원 (부산 사상구/새정치민주연합)

2014.06 제19대 국회 후반기 국방위원회 위원

2015.02 새정치민주연합 당대표

2015.12 새정치민주연합 인재영입위원장

2015.12 제19대 국회의원 (부산 사상구/더불어민주당)

2015.12 더불어민주당 당대표

2015.12 더불어민주당 인재영입위원장

더불어민주당 상임고문

2017.05 제19대 대한민국 대통령

참고 문헌

고군(2017). 좋아요 문재인. 북로그컴퍼니.

국정기획자문위원회(2017). 문재인 정부 국정운영 5개년 계획. 진
한엠앤비.

김민정(2011). 세상을 바꾸는 원칙의 멘토 문재인. 참돌어린이.

김범(2011). 문재인 (새로운 대한민국과 사람 문재인). 푸른솔.

김승민(2017). Who? Special 문재인. 다산어린이.

김옥림(2017). 꿈을 심어주는 문재인 대통령. 함께북스.

김태형(2017). 대통령 선택의 심리학-문재인 편. 원더박스.

로버트 라이시(Robert B. Reich) 저/박슬라, 안진환 역(2011). 위
기는 왜 반복되는가?. 김영사.

매일경제 경제부(2017). 문재인노믹스(나라다운 나라를 위한 문재
인 정부 5년의 약속). 매일경제신문사.

매일경제 정치부(2017). 문재인 시대 파워엘리트. 매일경제신문사.

유승은(2012). 문재인의 위대한 시작. 미르북스.

이종은(2012). 내가 커서 뭐가 될지 아무도 모르잖아! : 문재인의
꿈과 도전. 가교출판.

문재인(2012). 문재인이 드립니다 (꿈을 놓아버린 이 땅의 청춘들
을 위한 포토에세이). 리더스북.

문재인(2012). 사람이 먼저다 : 문재인의 힘. 퍼플카우.

문재인(2012). 문재인이 드립니다 : 꿈을 놓아버린 이 땅의 청춘들

을 위한 포토에세이. 리더스북.

문재인(2012). 단숨에 읽는 문재인의 운명. 가교출판.

문재인(2017). 대한민국이 묻는다(완전히 새로운 나라, 문재인이 답하다). 21세기북스.

문재인(2017). 문재인의 운명. 북팔.

문재인, 한승헌, 박원순, 조국 저(2012). 그 남자 문재인 : 함께 만드는 세상. 리얼텍스트.

백무현(2012). 만화 문재인 : 운명을 바꾼 남자. 마이디팟.

문형렬(2017). 아름다운 소년 문재인. 문이당어린이.

전도근(2012). 다산에게 인생을 배우다. 북스타.

전도근(2012). 다산에게 인생을 배우다. 북스타.

전도근(2012). 문재인 리더십 사람이 먼저다. 북스타.

조경희(2017). 문재인, 사람이 먼저인 세상을 꿈꾸다. 나무생각.

휴먼스토리(2011). 문재인 스타일 : 안철수와 박원순의 아름다운 합의를 이끌어 낸 문재인식 리더십. 미르북스.

홍승록(2017). 문재인 대통령 이야기 (어린이를 위한 특별한 선물). 와우라이프.

TIME Asia (문재인 대통령 표지) 주간 아시아판 : 2017년 05월 15일

⇨⇨⇨⇨⇨

참고 사이트

경인선(경제도 사람이 먼저다) 블러그 : https://blog.naver.
    com/sunfull-movement
국민의 나라 : https://blog.naver.com/moonjaein2
김병관 국회의원 홈페이지 : http://blog.naver.com/bgkim
김병기 국회의원 홈페이지 : http://win413.theminjoo.kr/
    room/1134
김병기 블러그 : http://kimbyungkee.kr/
김병관 페이스북 : https://www.facebook.com/byounggwan.
    kim
조응천 페이스북 : https://www.facebook.com/chopros
대한민국 청와대 : www.president.go.kr
문재인 홈페이지 : http://moonjaein.com
문재인 트위터 : https://www.facebook.com/moonbyun1
박주민 국회의원 홈페이지 : http://joomincenter.com
박주민 페이스북 : www.facebook.com/eunpyoung.joomin
손혜원 페이스북 www.facebook.com/sohnhyewon
손혜원의 크로스포인트 : www.crosspoint.co.kr
조응천 국회의원 홈페이지 : http://www.huffingtonpost.kr/
    news/jo-eung-cheon
조응천 페이스북 : https://www.facebook.com/chopros
중앙선거관리위원회 : www.nec.go.kr
표창원 블러그 : blog.daum.net/drpyo
표창원 페이스북 : www.facebook.com/cwpyo
표창원 국회의원 홈페이지 : http://pyotal.site

문재인 신드롬

초판1쇄 – 2018년 1월 25일

지은이: 전도근
펴낸이: 이규종
펴낸곳: 예감출판사

등록: 제2015-000130호
주소: 경기도 고양시 일산동구 공릉천로 175번길 93-86
전화: (031)962-8008
팩스: (031)962-8889
이메일: elman1985@hanmail.net
홈페이지: www.elman.kr

ISBN 979-11-957096-8-7

값 13,800원